U0524346

洞见人的渴望

家庭系统疗愈师的27个真实个案集

赵中华 ◎ 著

中华工商联合出版社

图书在版编目(CIP)数据

洞见人的渴望：家庭系统疗愈师的27个真实个案集 / 赵中华著. -- 北京：中华工商联合出版社，2022.9
ISBN 978-7-5158-3544-0

Ⅰ.①洞… Ⅱ.①赵… Ⅲ.①家庭关系－社会心理学－案例 Ⅳ.①C913.11

中国版本图书馆CIP数据核字（2022）第172978号

洞见人的渴望：家庭系统疗愈师的27个真实个案集

作　　者：赵中华
出 品 人：刘　刚
责任编辑：胡小英
装帧设计：金　刚
排版设计：水日方设计
责任审读：付德华
责任印制：迈致红
出版发行：中华工商联合出版社有限责任公司
印　　刷：文畅阁印刷有限公司
版　　次：2022年10月第1版
印　　次：2022年10月第1次印刷
开　　本：32开
字　　数：150千字
印　　张：8
书　　号：ISBN 978-7-5158-3544-0
定　　价：58.00元

服务热线：010－58301130－0（前台）
销售热线：010－58302977（网店部）
　　　　　010－58302166（门店部）
　　　　　010－58302837（馆配部、新媒体部）
　　　　　010－58302813（团购部）
地址邮编：北京市西城区西环广场A座
　　　　　19－20层，100044
　　　　　http://www.chgslcbs.cn
投稿热线：010－58302907（总编室）
投稿邮箱：1621239583@qq.com

工商联版图书
版权所有　侵权必究

凡本社图书出现印装质量问题，请与印务部联系。
联系电话：010－58302915

PREFACE 前言

　　随着时代的发展，人们的生活水平逐年提高，在物质生活得到极大改善后，对精神生活有了更高的追求，我们的烦恼已经不再是吃饱穿暖，而是开始追求家庭幸福，思考如何教育孩子，过去无暇顾及的情感需求呈井喷式爆发出来。

　　曾经的婚姻稳定，是因为外部环境极少变化，家庭成员生活状态相对固定，思想基本同步，同时家庭的生存压力极大，一家人的温饱已经让夫妻双方筋疲力尽，哪里顾得上谈心灵需要爱的抚慰？太奢侈了。

　　当我们感觉生存问题已经解决时，精神需求就开始变得重要了，过去积攒的诸多问题暴露出来，夫妻矛盾升级、亲子关系紧张。面对这些问题时，很多人发现自己竟然不知所措，他们开始寻求心理咨询，让心理咨询师帮助他们寻找答案。在我咨询的个案中发现，不论是夫妻矛盾还是亲子问题，我们都能从他们的原生家庭中发现端倪。这也是我写这本书的初衷。

我先后学习了NLP心理咨询课程、萨提亚家庭疗愈课程、海灵格系统排列课程，基于后现代心理学艾瑞克森催眠、萨提亚家庭治疗、海灵格系统排列，开创了自己的家庭系统疗愈体系，成立了惠宁国际。

什么是家庭系统疗愈，它与其他的心理咨询有什么区别？我认为NLP研究的是人的心智，萨提亚研究的是家庭成员的关系，系统排列研究的是家族动力与序位，家庭系统疗愈融合了以上三种并且加以创新，我不喜欢循规蹈矩，更愿意挑战自己，尝试做一些创新的事情。

家庭是一个复杂的系统，爷爷奶奶、外公外婆、父母、兄弟姐妹、伴侣、孩子以及祖先这些人物相互关系都在无形中影响着我们。生活中的困惑及出现的问题往往只是冰山一角，所以在做家庭系统疗愈的个案时，我会从家族树的角度来看待案主的问题，然后一起寻找突破口，做出合理分析和建议。

家庭系统疗愈做完后效果各异，有的人效果很好，有的人效果不明显，主要原因是：

第一，欲速则不达。试想健身也不可能一天练出好身材，更何况积累多年的心理问题，不可能做一次心理疗愈就能完全解决问题，需要长期的调整。

第二，和案主的心智有很大的关系。心智就是一个人如何看待人、事、物的世界。为什么说心智不同效果不同，比如案主希望孩子回到学校读书，我希望案主能明白，一个人去改变另一个人是不太可能的，你越想控制对方，对方越远离你。如果案主执意改变孩子，那么这个个案是很难有效果的，我们的个案主要是让案主发现事情的真相，原来孩子的情况和我的教育有关，案主要先改变自己，才能改变孩子，此时才会有意想不到的效果。我经常说先处理关系，再处理问题。

第三，和案主的感觉有关。家庭系统疗愈重点在人的感觉，每个人的感知力不同。如果案主无法体会别人的感受，他就不会改变内在感受。比如同样在电影院看同一部电影，每个人感受就会不同，所以我会建议案主进行一些前端的学习，包括一些冥想的练习，这样对于后期的个案会有很大的帮助！

家庭系统疗愈的核心思想是如何从盲目的爱走向觉悟的爱，即唤醒、疗愈。一切源于爱，一切始于爱，无数家庭出现困扰，往往都是从爱开始。控制、要求、期待，其中都有爱的成分，可是这样的爱往往给对方带来了伤害，而觉悟的爱是欣赏、接纳、允许，这样的爱带来的是温暖。我很喜欢道德经的一句话：为学日益，为道日损，损之又损，以至于无为，无为而无不为。

疗愈就是滋养，通过大量个案，我有一个意外的发现，很多的困扰都来自童年未满足的期待。比如一个严厉的父亲或是一个经常指责的妈妈，这些对孩子的影响都特别大，后期我加了大量的滋养疗愈的新技巧，现场很多学员都有一种感动与被滋养的感觉，当一个人连接到爱了，感受到爱了，很多的困扰自然就不见了。往往一个喜欢抱怨的女人其实是需要爱的表现，同时一个所谓无能的男人其实是在等待女人的欣赏，所以这些都和需要被滋养有关，包括很多孩子所谓的叛逆也是在向父母呐喊，我需要你们的爱和肯定！在帮助他们得到心灵慰藉的同时，我也更加坚定了在这条路上走下去，运用自己学到的知识帮助更多的家庭走出困惑、收获幸福，为社会和谐稳定尽自己绵薄之力。我觉得这是自己对社会最好的回报，也是我人生最大的意义。

本书遴选了我咨询个案中具有典型意义的27个样本，其中涉及夫妻矛盾、亲子关系、原生家庭影响、不良情绪等一系列问题，我希望读者从这些案例中得到启示，也许其中的某一句话就能够解开困扰你多年的心结，也许就是其中的某一个故事让你走出心理阴霾，也许就是其中的某一个人物让你产生情感共鸣，相信这些个案或多或少都能帮助到你，帮你摆脱烦恼，迎接新生。

CONTENTS 目录

第一章　缺爱：一生的心理创伤

愤怒源于缺爱　　　　　　　　　　　　003
我为什么没有安全感？　　　　　　　　012
恐惧源自缺少母爱　　　　　　　　　　021
如何控制自己的暴脾气　　　　　　　　030
失眠十年，童年的阴影挥之不去　　　　040

第二章　错位：背负着不该背负的责任

勇敢面对亲人的离去　　　　　　　　　053
身份错位，让你失去了女人的温柔　　　059
身份错位导致夫妻矛盾　　　　　　　　071
完美的爸爸导致找不到完美的伴侣　　　081

第三章　不自信：从原生家庭寻找力量

在成长经历中去寻找不自信的根源　　　091
母亲的否定让我不自信　　　　　　　　097
我做事为什么缺乏勇气？　　　　　　　102

经常被否定就会没有自信　　　　　　　　　　　108

第四章　父母：走出原生家庭的阴影

和父母和解，才能找到内心的幸福　　　　　　117

从父母感情纠葛中退出，才能开启自己的幸福人生　　129

如何消除和父母的隔阂？　　　　　　　　　　142

我和父亲的关系不好，如何缓解呢？　　　　　150

抚平童年创伤，才能感受爱　　　　　　　　　159

第五章　亲子关系：尊重孩子而不是操控孩子

和孩子沟通不畅，是爱的方式出了问题　　　　167

我的孩子为什么总是不开心？　　　　　　　　174

自己缺乏母爱，不知如何表达爱　　　　　　　183

爱不意味着可以操控孩子　　　　　　　　　　194

第六章　夫妻关系：彼此平等互相尊重

婚姻中夫妻双方是平等的　　　　　　　　　　202

讨好背后一定有愤怒　　　　　　　　　　　　210

找到离婚的原因才能开始新的生活　　　　　　217

不要用牺牲自己婚姻的幸福来表达对家族的忠诚　226

我为什么体会不到琼瑶小说中那种轰轰烈烈的爱情？　234

后记　　　　　　　　　　　　　　　　　　　　246

第一章

缺爱：
一生的心理创伤

CHAPTER 01

　　缺爱的三种表现：愤怒、恐惧、麻木。愤怒指经常有莫名的愤怒；恐惧指胆小，什么都不敢做；麻木指对什么都不感兴趣。孩子为什么会胆小，非常重要的原因是缺少父爱，母亲给予爱，父亲给予力量，当孩子到了3岁之后，妈妈一定要和孩子保持一点距离，让孩子和父亲多在一起。对待缺爱的案主，首先要让他把心中的愤怒发泄出来，然后告诉他多鼓励自己，接受自己的不完美，学会爱自己。

愤怒源于缺爱

> **案主：** 女士，20岁，希望处理愤怒的情绪。

赵中华：你想做什么主题？

案主：我想知道我为什么经常会愤怒。

赵中华：那你在生活中怎么表达你的愤怒呢？

案主：我晚上睡不着觉，睡不着就打游戏，然后突然我就很会愤怒，我会吼出来，就是那种愤怒和痛苦的吼叫声，我会把邻居给吵醒。

赵中华：我先看看这个情绪是怎么来的？人有情绪是正常的，关键是我们要做情绪的主人。

案主：我还有恐惧。

赵中华：你在什么时候恐惧？

案主：有时候坐在家里，突然就会感觉心里很慌。

赵中华：这种慌是指什么呢？

案主：就是没有安全感，或者也可能是有点焦虑。

赵中华：你之前发生过什么让你感觉很愤怒的事吗？

案主：我小时候的事好像是一片空白，什么都想不起来。

赵中华：你在逃避什么？你担心什么或者是你在害怕什么？你回忆一下你童年印象中比较深刻的一件或者两件事。

案主：具体的事我想不起来，但是我记得那个感觉就是被忽视，我的童年时期基本上都是被家人忽视。

赵中华：你有没有离开过父母？

案主：离开过，从3岁到11岁。

赵中华：这段时间是谁在带你？

案主：爷爷奶奶带我，他们也会忽视我。

赵中华：爸爸妈妈一般多久来看你一次？

案主：半年见一次。

赵中华：爷爷奶奶对你怎么样？

案主：也挺好的。

赵中华：当你每天放学回家，人家都有父母接，你只有爷爷奶奶接你，你有什么感想？

案主：我小时候其实没这个概念，我觉得没有父母在身边挺好，我反而觉得自由自在。长大了我才发现这段经历对我有伤害。

赵中华：你回忆一下，从3岁到11岁，发生了什么让你印象深刻的事情？

案主：11岁是一个转折点，我被接到父母家，要和父母生活在一起，要去城里读初中，生活环境变了，我觉得我要重新加入这个家庭，我很不接受这个变化，我好像是以一个外人的身份重新突然出现在这个家庭，我成为这个家里的一分子。我觉得很不能接受。

赵中华：你哭过吗？

案主：哭过，但很少，比如看电影的时候。

赵中华：痛苦的时候会哭一下。

案主：我跟别人不一样，我好像可以分离出来一个我，我看着那里有个孩子，然后她经历了这些事，然后我就看着她，她遇到问题不知道怎么办，她只有一个方法，就是把自己裹起来，然后一点一点失去意识，就像打了麻醉针，一点一点失去感觉，到最后都不知道自己已经麻醉了。

赵中华：你下面还有弟弟和妹妹，对吧？

案主：对。

赵中华：爷爷奶奶现在还在吗？

案主：还在。

赵中华：偶尔还去看他们吗？

案主：经常回去。

赵中华：你感觉你是跟爷爷奶奶亲一点，还是跟爸爸妈妈亲一点？

案主：跟爷爷奶奶亲一点。

赵中华：你的内心应该是有对父母的愤怒。我们来排列一下，请一下代表。

• **排列呈现**

（引入案主代表、爸爸代表、妈妈代表、爷爷代表、奶奶代表）

赵中华：大家跟着感觉移动一下（见图1-1）①。

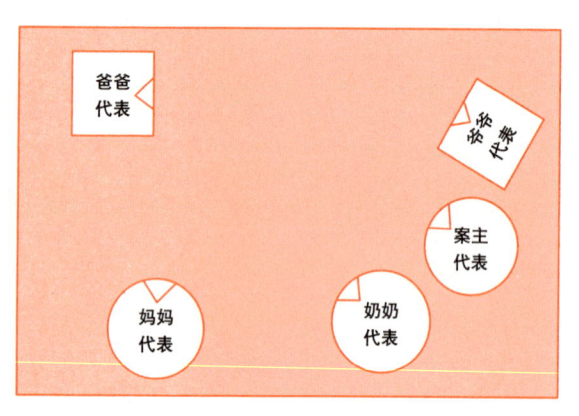

图1-1 各位代表排列呈现

赵中华：你看你就不想看父母，想离得远远的。

---

① 本书案例中的代表都是请真人作为代表，图中圆形代表女性，方形代表男性，三角代表眼睛注视的方向。

奶奶代表：我感觉看到自己的孙女，我就想靠上来。

爷爷代表：我感觉我不想跟任何人在一起，我也不想看见任何人。

赵中华：你怎么看待你的爷爷奶奶？

案主：我感觉爷爷有一点麻木，我爸爸的麻木可能就是跟爷爷奶奶有关。

赵中华：你怎么看待奶奶？怎么看待他们抚养你到11岁。

案主：感激他们，其实我心里觉得我挺爱我奶奶的。

赵中华：刚才你说你很感激他们，这里就会出现一个问题，你会认定是爷爷奶奶把你养大，如果以后我再去接受我的妈妈，我就会觉得有点对不起爷爷奶奶，这也是身份错位的一种。

案主：就是我把爷爷奶奶当作爸爸妈妈了？

赵中华：对，因为孩子就是谁给他喂奶，谁就是妈妈，确实你也靠奶奶靠得比较近。所以你需要做一件事，我相信你有些话是想要对爷爷奶奶说的，但一直没有说出口。今天我想给你个机会，能够感谢一下爷爷奶奶的养育之恩。

案主：奶奶，我很感谢你！是你把我带到这么大，我是很调皮的一个小孩子，你付出很多。奶奶，如果没有你，我甚至没有今天，在我最需要爱的时候，是你抱过我，谢谢！奶奶我爱你！

赵中华：放松一下，对爷爷也说几句话。

案主：爷爷，我小时候不管什么时候，你和奶奶都很宠我，甚至是对我有点溺爱，把最好的东西都给我。可能你们不会教育，导致我的性格会有些暴躁，不会处理情绪，但是我还是要感谢你们，谢谢你！爷爷。

赵中华：给爷爷奶奶鞠躬，这是第一步，叫表达爱，表达感恩。现在我邀请爷爷奶奶说两句话。

老师带着奶奶代表一起说

> 我是你的奶奶，我照顾你是心甘情愿的，同时我只是你的奶奶，我不是你的妈妈，我没资格做你的妈妈，对不起！

老师带着爷爷代表一起说

> 我是你的爷爷，照顾你是我心甘情愿的，同时我只是你的爷爷，没办法去做你的爸爸，我也没那个资格，我永远爱你！

赵中华：和爷爷奶奶拥抱一下。你对自己的父母是有愤怒的，这是正常的，因为你们中间有情感中断。现在你可以把愤怒发泄出来，我给你一个枕头，你可以一边摔枕头一边表达愤怒（见图1-2）。

图1-2　案主摔打枕头

案主：（大声吼叫，摔打枕头）你们当初为什么把我寄养在奶奶家，为什么？

赵中华：（等案主稍微平静后）你现在闭上眼睛想象你面前有两个爸爸，一个爸爸是非常麻木、冷漠无情的爸爸，把这个冷漠无情的爸爸用你的右手把他推开，现在睁开眼睛，你面前这个爸爸是一个全新的爸爸，你今天能站在这里，你的生命是爸爸给你的，现在你需要做的就是去接受爸爸。

老师带着爸爸代表一起说

女儿，爸爸对不起你，爸爸错了，不应该在你3岁的时候，把你寄养在爷爷奶奶那里，爸爸不是个完美的爸爸，也不是个称职的爸爸，但爸爸爱你的心一直都在。

> **老师带着爷爷代表一起说**
>
> 孙女，因为我有些麻木，所以你爸爸才会比较麻木。这一点上他也是无辜的。

> **老师带着妈妈代表一起说**
>
> 女儿，我是你的妈妈，有些事情我做得不对，对不起，请你原谅！但妈妈爱你的心一直都在，你可以喊叫，也可以呐喊，无论你做什么，我和爸爸都爱你。

案主：我没有之前那么愤怒了，我感觉到了父母的爱。

赵中华：你现在闭上眼睛。我抓住你的手，你每往前走一步，就离你的童年近一步。你现在是20岁，往前走一步，到15岁，想想15岁发生了什么事；再往前走一步，来到了10岁，想一下10岁发生了什么；再往前走一步，来到3岁，我们和妈妈拥抱一下，感受一下妈妈的爱，现在你是3岁的孩子，放松，尽量去感受妈妈的拥抱传递出的爱。

你是一个非常有爱的孩子，非常勇敢，你宁愿伤害自己都不舍得伤害别人。

案主：我感觉轻松很多。

赵中华：今天你很勇敢，你是我见过这么多孩子中，非常勇敢的一位，赵老师对你刮目相看。老师给你一个作业，第一，有时间唱唱歌；第二，每天拥抱三个人，父母、朋友、同学都可以。坚持21天。

赵中华点评

愤怒是什么？愤怒是我想去改变或者去操控一些事情，而没达到我想要的效果，所以我愤怒。所有的情绪没有所谓的好坏，情绪是我们人的一部分，关键是我们要做情绪的主人。本案主就是很典型的亲子中断引发的愤怒情绪。

我为什么没有安全感?

> **案主**:女士,30多岁,希望增强安全感。

赵中华:今天你做的主题是什么?

案主:我觉得没有安全感。

赵中华:你希望自己有力量、有安全感,或者找一找为什么没力量、没安全感的原因,或者未来让自己变得更有力量、更有安全感。是吧?

案主:嗯。我脾气大,爱生气,喜欢指责和抱怨。

赵中华:外婆把你带大的,带到什么时候?

案主:一直到外婆去世,我当时13岁。

赵中华:你觉得你妈妈是什么样的人?

案主：特别善良，乐意帮助别人。

赵中华：你爸爸妈妈关系好吗？

案主：我小时候父母关系不太好。我18岁以前，妈妈经常发脾气、摔东西。

赵中华：聊聊你的爸爸。

案主：我爸爸也是嗓门大、爱发脾气，小时候动手打过我弟弟，没有打过我。

赵中华：你在家排第几个？

案主：我是老大，下面一个弟弟。

赵中华：你父母发生矛盾的时候，你在干什么？

案主：小时候是走开了，长大后我比较帮我妈妈。

赵中华：你妈妈在家排第二，是吧？你外公外婆是干什么的？

案主：我外公是工人，我外婆是农民。

赵中华：你了解过你妈妈的成长经历吗？

案主：应该是在宠爱中长大的，因为我外婆也是一个特别善良的人。

赵中华：你爷爷奶奶他们是做什么的？

案主：爷爷奶奶是农民，我没有出生的时候已经去世了。

赵中华：你觉得你爸爸妈妈之间吵架最大的原因是什么呢？

案主：主要是我爸爸的原因，一点事没做好的话，就会指责我妈妈。

赵中华：你的原生家庭对你影响挺大的，你父母脾气大、爱生气，所以你也是脾气大、爱生气。在家庭里面你是不是觉得你想拯救父母？

案主：是的。

赵中华：我觉得对你安全感影响最大的是你父母脾气大，在这种环境下长大是很受影响的。

赵中华：我们来排列一下，请一下代表。

•排列呈现
（引入爸爸代表、妈妈代表、案主代表）

赵中华：跟着感觉移动。大家什么感受？

爸爸代表：我想给她力量，想关注她。

赵中华：你爸爸挺爱你的。

案主：是的。

赵中华：你爸爸眼里只有你，连老婆都不看，证明你爸爸确实挺爱你。

妈妈代表：我只想给孩子爱，关注孩子。

案主代表：开始不想靠近他们，就不想动，在我自己的世界，他们靠近的时候，我不舒服，想到妈妈边上一点，爸爸那边我完全不想靠近。

赵中华：你不想动，代表什么？

案主代表：想有一份安全，在我自己的心里面，我自己站在我自己的空间是安全的。

（引入外婆代表）

赵中华：台上的人跟着感觉移动一下。现在什么感觉？

爸爸代表：我的内心也很孤单。

赵中华：爸爸很孤单，其实你爸爸很需要爱。

外婆代表：感觉很幸福。

案主代表：看见外婆的时候很温暖。

（引入老公代表）

赵中华：你看这个老公很木讷，所以老公在家是比较被动的，站那一动不动。这个系统排列就是这么神奇。其实你最需要处理的就是跟你爸的关系，你们什么感觉？（见图1-3）

爸爸代表：希望他们幸福。

妈妈代表：我现在感觉所有人跟我在一起，很安稳的那种。

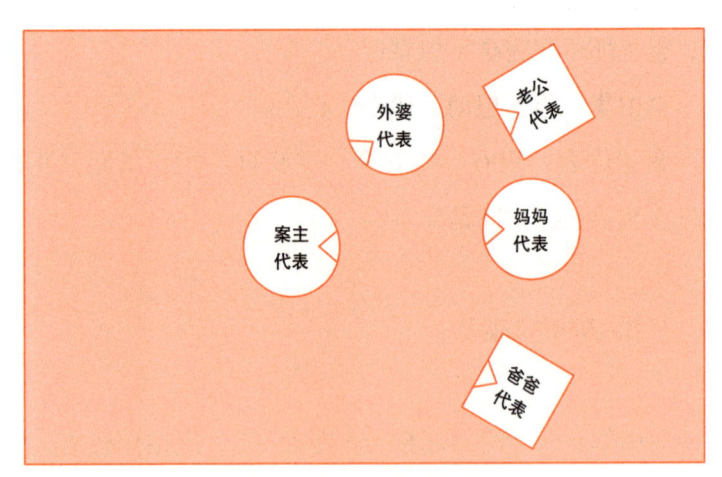

图1-3 各位代表排列呈现

案主代表：我感觉跟家人在一起，看到妈妈比较有安全感。

老公代表：在丈母娘这边作为女婿的话，我感觉他们家的关系不是很和谐，感觉有点不舒服，但是我老婆还是会跟着我，我感觉还好。

案主代表：老公往后退的时候，为什么离开我，我想站在这里的时候，妈妈站过来，妈妈抢了我的位置。

赵中华：谁抢了你的位置？

案主代表：妈妈。就是老公往后退的时候很不舒服。

老公代表：因为站在那个地方，感觉有点压抑，所以想退一点点。

案主代表：但是你走到那边，我是很难受的。

赵中华：哦。

案主代表：妈妈站在这里的时候我有点不舒服。

赵中华：我觉得你们的三角关系，包括爸爸这边一直都是比较远的，这个爸爸的眼睛是盯着女儿，一直都没有变过，这是一个信号。

爸爸代表：嗯，因为我就是要关心她，关爱她，支持她。我说的第一句话就是支持她，让她有力量感。

老师带着案主一起说

爸爸，我没办法做你的爱人，我只能做一个女儿，我也想拥有幸福的生活。你跟妈妈的事，我真的管不了，我没有资格管，也没能力管，我就想做个孩子。我知道你很爱我，我也很爱你，可是我只能以女儿的身份爱你，我没办法去弥补你的缺失，只有我的妈妈才能给你，我给不了，我很累，我很辛苦。

老师带着爸爸代表一起说

女儿，过去爸爸因为没有一个好的爱人，甚至我把你当成爱人。今天我才发现，这种爱对你是一种压力，更多的是一份操控，让你没有安全感。爸爸对不起你，从今天开始，我要回到我的位置，回到爸爸的位置，以爸爸的身份来爱你。谢谢你，女儿。

赵中华：这就是典型的拯救者。

老师带着妈妈代表一起说

女儿，我这个位置，你没资格抢，你也抢不到，你只能做女儿。

老师带着案主一起说

妈妈，爸爸是你的，我没资格抢，对不起，从今天开始，我以女儿的身份来爱你，可以吗？

老师带着爸爸代表一起说

孩子，谢谢你，这么爱我们，爸爸的事，爸爸的人生，爸爸做主。我过得并不差，这是我的命，你也救不了。

老师带着妈妈代表一起说

女儿，这是我跟你爸爸的相处模式，你也没办法去拯救我们，你也救不了，你唯一能做的就是自己，我们的人生我们做主。谢谢你，女儿。

赵中华：有什么话想对父母说吗？

案主：爸爸妈妈，祝你们幸福。

赵中华：给爸妈鞠躬，手自然垂下，想象自己变成一个孩子，真正回到孩子的位置；想象爸爸妈妈长得非常高大，不管他们怎么样，那是他们的人生，退出去，还想跟妈妈夺位置？没资格，完全回到孩子的位置。想象变成一个孩子，真正回到孩子该做的事情，这样你才能重新建立家庭，不然这种爱的纠缠永远在这里。现在回到你13岁之前的时候，去感受父母的爱。

你的妈妈不容易，是家里面第二个，从小就被忽视，因为她缺爱，所以她才会这么暴躁，她需要爱。为什么你的爸爸会打人，会骂人，因为从小父母对他要求高，他害怕做不好，爸爸妈妈就不爱他。回到你小时候。虽然爸爸妈妈没有带你，你是外婆带大的，但在他们心中，一直没有忘记你。

老师带着妈妈代表一起说

女儿，当年我这么做，我很内疚，请你原谅妈妈，对不起！

> **老师带着爸爸代表一起说**
>
> 女儿，当年这样把你抛弃，是爸爸的错，请你原谅我，我愿意重新开始。

赵中华：是的，只有这样，我们的爱才能重新开始；只有这样，我们这种感情才能重新开始，吸收妈妈的爱，吸收爸爸的力量，在爸爸妈妈怀抱里开始长大，把爱找回来。现在什么感觉？

案主：很轻松，有一股力量。

赵中华点评

缺乏安全感，孩子会自卑，只有妈妈情绪稳定，孩子才有安全感。一个非常没有安全感的人，他会给自己穿无数件棉袄，保护自己。你越让他改变他就裹得越紧，只有你变成了太阳，让他感觉到温暖，让他感觉到爱，他才能脱掉棉袄。那这个温暖和爱是什么？就是肯定和赞美。

恐惧源自缺少母爱

> **案主：** 女，30多岁，希望探索原生家庭，改善与亲人的关系。

赵中华：你想克服恐惧。你的恐惧指的是什么？

案主：我恐惧和人打交道。

赵中华：恐惧哪一种人？

案主：陌生人。

赵中华：你指的陌生人是马路上这些走路的人吗？还是你被哪个陌生人伤害过？

案主：没有陌生人伤害我，实际上都是亲人在伤害我。

赵中华：哪一个亲人？在什么时间？

案主：太多了。

赵中华：闭上眼睛，现在你回到小时候，想一想，最让你受伤的是在什么时候？谁伤害你了？

案主：舅妈，她经常骂我。

赵中华：你小时候是被谁带大的？

案主：其中有几个月是舅妈带我，其他的时间是妈妈。

赵中华：爸爸呢？

案主：在外面打工。

赵中华：是偶尔回来一下，还是经常回来？

案主：1年回来几天。

赵中华：这个情况有多久？到你几岁？

案主：从我小时候到现在。

赵中华：你爸爸是做什么的？有这么忙吗？

案主：我现在能理解，他是不愿意回来。

赵中华：你一直被妈妈带大，是吧？你还有一个姐姐和一个弟弟，对吧？你恨你爸吗？

案主：以前有过，现在没有恨的感觉了，麻木了，有这么一个爸和没有差不多。

赵中华：你说你在小时候被你舅妈骂，发生了什么事？当时你几岁？

案主：3岁。我记得当时我姐姐8岁，抱我上厕所，因为抱不住，把尿桶打翻了，我就坐在满是尿的地上哭，舅妈就使劲骂我姐姐。

赵中华：骂什么话还记得吗？

案主：你怎么这么蠢！

赵中华：还发生过什么事？

案主：我吃饭多了，她说我蠢，吃那么多，像猪一样。我吃饭少了，也是蠢，都不知道吃。

赵中华：你在3岁时在舅妈家待了一段时间，后面还有什么事吗？

案主：后面我就一直做噩梦，梦到她来追我，很恐怖。

赵中华：从什么时候开始做这个噩梦？

案主：从有记忆开始，我就一直在做这个梦，甚至从很高的悬崖掉下去。

赵中华：你有失眠吗？

案主：有过。

赵中华：当时你妈妈爸爸在干什么？

案主：为了生弟弟。

赵中华：你的外公外婆是做什么的？

案主：外公是大队里负责粮食加工的工厂厂长，外婆就是农民。

赵中华：爷爷奶奶做什么呢？

案主：他们都是农民。

赵中华：你说你害怕陌生人，现在又说害怕跟你亲近的人，能说具体害怕什么吗？

案主：按照我现在的状态来说，都没有那么害怕了。

赵中华：你没那么害怕了，那你希望我为你做什么呢？

案主：我不知道为什么？我总是摇摆不定，不能坚持。

赵中华：这是儿童期，你没有主见。

案主：不知为什么，只要提到我父母，我就很容易哭，我只要见到我妈，我就很排斥，包括她说的每一句话、她的眼神、她的面部表情，我甚至不愿意去看她。

赵中华：你是害怕还是恐惧？

案主：厌恶，觉得恶心，我觉得她做的一切都是假的，甚至叫我女儿，我都觉得恶心。

赵中华：你刚说一提到父母，你就容易哭，你是提到爸爸容易哭？还是妈妈？还是他们两个一起容易哭？

案主：提爸爸，没有什么概念，但提妈妈，我就很想哭。

赵中华：为什么想哭？

案主：因为伤痛，也有委屈。

赵中华：你指的伤痛是什么？

案主：她说我怎么这么蠢，只要她站在我面前，就会有一个声音告诉我，当时她说我怎么这么蠢。我做任何事情，她都会说我蠢，以前不能提这个事情，但是现在我也可以提了。

赵中华：那今天我们还是做修复你和爸妈的关系吧？

案主：可以。

赵中华：你回忆一下，你妈妈为什么说你蠢？

案主：比如洗碗时，我把一摞碗掉地上了，她那种眼神就让我很害怕。我总是被我弟弟打，因为被弟弟欺负，她也会说你怎么这么蠢，你不知道躲开吗，或者是说你怎么不知道让一下弟弟。我小时候的名字就是烂人。

赵中华：你妈也这么叫你吗？

案主：所有人都这么叫我，你这个烂人。我记得我5~6岁的时候，我妈和几个邻居围在一起聊天，收废品的大叔来村里，我妈和隔壁邻居就叫，这里还有一个，快来。那个大叔就真的跑过来了，他们都在笑，说这里有一个烂人。

赵中华：你现在跟你老公关系怎么样？

案主：挺好的。遇到任何事情，我们两个都会沟通，我们很少吵架。

赵中华：不是不吵架就是好，相爱一定会有矛盾，只有麻木了，两个人就不吵了。只要有爱，肯定是从吵架开始，只是看看吵到什么地步。我们来排列一下，请一下代表。

•排列呈现

（引入案主代表、妈妈代表）

赵中华：跟着感觉移动。

案主代表：我感觉有点麻麻的，我不敢看她。

妈妈代表：感觉心里有点堵，想离得远一点。

赵中华：你们两个人之间有恨，小时候妈妈对你的伤害，导致你和妈妈亲近不了，还很害怕。一上来就瞄了一眼，马上就躲过去了。

（引入爸爸代表）

赵中华：跟着感觉移动。爸爸一上来，案主代表眼里有渴望，她内心是非常渴望父亲的。看你们三个人的关系有多远？从距离、角度、位置看，都离得非常远（见图1-4）。

如果当年你被别人骂烂人的时候，爸爸能在旁边给你撑腰，就不会有人敢说这个话，但没有一个人会帮你说一句话，你还是个孩子，这个外号是很伤人的。我们重现一下当年的场景吧。

妈妈代表：这里有个烂人，这里有个烂人。

案主：我麻木了，没有一点感觉了。

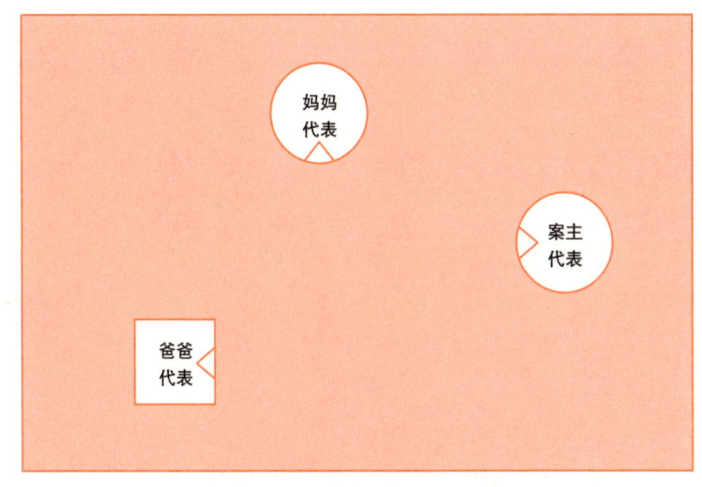

图1-4　各位代表排列呈现

赵中华：如果你自己不想好，谁也帮不了你。当你听到你妈说你是烂人，你什么感觉？

案主：因为我是个女孩，所以我才是烂人，是家里多余的，所以他们都开玩笑，我妈也是这样，她好像很不在意。

赵中华：所以说你还有一个身份的问题，你妈生第一个是女儿，然后又生了你，后面才有个儿子。

案主：就是因为生我，所以我爸出去了。

赵中华：你的经历确实是很不容易。我们现在想象一下，你有两个妈妈，一个是代表生活的妈妈，她经常骂你，打击你；另一个是代表生命的妈妈，她是带给你生命的妈妈，没有她你就不能站在这里。我们应该感谢妈妈给了你生命，但代表生活的妈妈你可以不接受她，我们接下来处理一下你对妈妈怨恨。

你闭上眼睛，回忆一下妈妈当时说你烂人的事情，把你这种委屈和怨恨都放到这个枕头里，把这么多年她对你的所有伤害全部都放到里面去。你睁开眼睛，把枕头重重地摔在地上，一边摔一边发泄。

案主：（大哭）你怎么可以这样对待我？为什么？我恨你，我恨你。

代表生命的妈妈：谢谢你来到我的生命里，妈妈祝你永远幸福快乐！把那些包袱都丢掉，过好你以后的每一天，妈妈祝你快乐、幸福！

赵中华：（等案主平静下来）她给了你生命，给了你性别，给了你身份。

代表生活的妈妈：女儿，妈妈爱你，永远爱你，过去妈妈错了，妈妈也不懂怎么去爱你，在妈妈的心中，妈妈永远爱你！

赵中华：我们来看一下你妈妈的原生家庭，她有哥哥、姐姐和妹妹，她小时候就没有得到太多的爱，她不应该说你是烂人，有可能她小时候被别人这么说过，所以不是妈妈不想爱你，是爱不出来，她自己就缺少爱，处于中间的孩子最缺爱，爱都被哥哥、姐姐和妹妹抢走了。所以她不懂爱，甚至可能吃饭都要靠抢，看到妈妈的不容易，学会原谅她。所以我们首先感谢她给了你生命,生活中有些东西慢慢消化。拥抱一下妈妈。

再看看你父亲,你每次受委屈受伤害的时候。都非常渴望有一个坚强的后盾在背后支持你。我们往前走,每走一步就代表你对父亲的渴望,重新去感受父爱;往前走,爸爸我很需要你;继续往前走,爸爸我很爱你;再往前走一步,爸爸我很需要你,在我五六岁的时候,我很需要你。

案主:我知道我妈妈是爱我的,我能感觉得到,只是她不知道怎么爱我,我要去主动拥抱她。

赵中华:好,我给你个作业。每天鼓励五个人,同时也鼓励自己!坚持21天。

赵中华点评

> 毁掉孩子自信的三句话是:你怎么这么笨?你怎么这么傻?你什么也干不好。提升孩子自信的三句话是:你真棒!你怎么做到的?你是我的骄傲。父母一定要注意自己在孩子面前的言行,别因为自己的不当言行毁了孩子的一生。

如何控制自己的暴脾气

> **案主：** 男士，40多岁，希望学会控制情绪。

赵中华：你做什么主题？

案主：我控制不了情绪。如果我儿子晚上不回来去玩游戏，或者我老婆和我意见不一致，我就会摔东西，或者打老婆和儿子。

赵中华：那你今天的目标是什么呢？

案主：学会控制自己的情绪，改善和儿子的关系。

赵中华：聊聊你的父亲吧？

案主：我父亲也是脾气很暴躁的，但是他很幽默、很风趣，和我母亲也是经常打架的，我觉得小时候总看到他们打架，我妈妈在我爸爸身边是没有地位的，他看不起她的。我叔叔说我奶奶也是很严厉的，经常会打人。我小时候很怕我爸，在学校里和同学打架，不管有没有理由，回家我爸都是先揍了再说。

赵中华：这都是什么时候开始的呢？

案主：我有记忆后就这样子。

赵中华：你怎么看待你爸爸的善良呢？

案主：我爸不发脾气的时候，平时对我还挺好的。

赵中华：你奶奶怎么死的？

案主：奶奶是病死的。

赵中华：爷爷呢？

案主：爷爷小时候从来没有打过我，性格比较随和。

赵中华：聊聊你妈妈吧。

案主：我妈妈就是话多，她一唠叨，我爸脾气来了就会打。

赵中华：外公外婆是怎么样的？

案主：外公外婆也是病死的，我和外婆的关系一般。

赵中华：聊一下关于你自己，你怎么形容自己呢？

案主：脾气不大好，遇到问题的时候，只站在自己的立场，不考虑对方。

赵中华：这个叫身份等同，就是你会跟你爸爸一样。

案主：我打了儿子后会很后悔。

赵中华：你爸爸什么时候去世的？

案主：我爸爸是2016年去世的，69岁，肝癌。

赵中华：很明显的，你就是身份等同，直接复制你爸爸的脾气，如果不进行身份解除的话，他的儿子以后90%的可能会打老婆、打孩子，会继续这样，我们来排列一下，请一下代表。

•排列呈现
（引入爸爸代表、妈妈代表、案主代表）

赵中华：随着感觉移动。

赵中华：你什么感觉？谈谈感觉。

案主代表：我觉得和妈妈靠近一点舒服，不想到爸爸那边去。

妈妈代表：和儿子在一起挺好的，还感觉挺舒服的。

爸爸代表：挺好。

赵中华：你知道你站在什么位置吗？

案主：我小时候我看见我妈总唠叨，我觉得我妈蛮可恨，但是看见我爸打我妈，又觉得我妈蛮可怜。

赵中华：你知道你现在站在什么位置吗？

案主：站在我妈老公的位置。

赵中华：对。

案主：因为我小时候看见我妈被打得可怜，但是她又喜欢唠叨。

赵中华：你一目了然吗？而且她还很乐意。请一个爷爷代表、奶奶代表和你自己的情绪代表。

（引入爷爷代表、奶奶代表、情绪代表）

赵中华：还是跟着感觉移动。情绪代表什么感觉？

情绪代表：感觉有一点悲伤（见图1-5）。

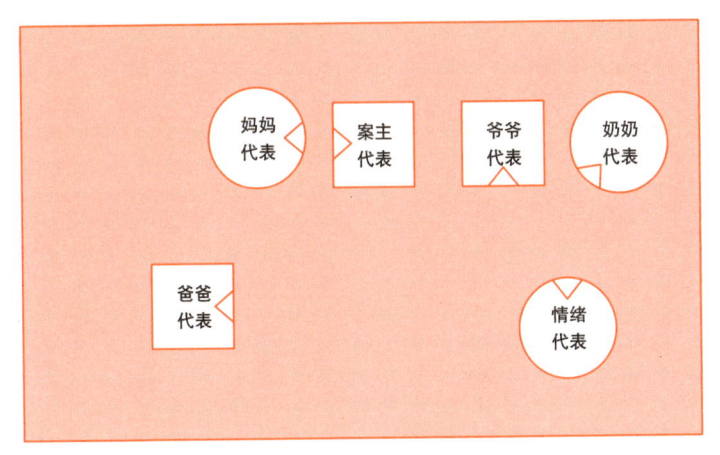

图1-5　各位代表排列呈现

案主代表：爷爷上来的时候，还是挺喜欢跟爷爷在一起，可是跟爷爷确实没有太大感觉。

赵中华：爷爷奶奶上来的时候，我感觉情绪代表，你在看他们。

情绪代表：对。

赵中华：你打人的情绪可能源头在这里，说说爷爷奶奶。

案主：我奶奶当家，我爷爷不怎么管事，我奶奶死了，家里就交给我爸了，我爷爷不怎么管。

赵中华：你和我一起说几句话。

老师带着案主一起说

爷爷奶奶，感谢你把生命给了我们，给了爸爸，也给了我，但这份情绪不是我的，我现在想把这份情绪交还给你。谢谢你！这不是我的情绪，我想做我自己。谢谢！对不起！

赵中华：你们俩怎么样感觉？

爷爷代表：想保护他。

赵中华：现在就处理你和你爸之间的关系。你跟着我说。

老师带着案主一起说

爸爸，我没办法做你，我只能做我自己。我很爱你！同时，我也只能做我自己，我把不属于我的交还给你，包括那个情绪，那是属于你的，我做不到。对不起！

赵中华：给爸爸鞠躬，现在你闭上眼睛，回忆一下你小时候，被父亲打的经历，在你小的时候，你印象最深的，对你伤害比较大的是在什么时间？当时你是几岁？是一种什么样的情绪？

案主：恐惧，怕。

赵中华：跟父亲说，爸爸，我好怕你，甚至都不敢看你的眼睛。我害怕你。我恐惧你。

赵中华：有什么感受？

案主：觉得很害怕，很无助。

赵中华：有恨吗？

案主：恨有一点点，但不是很恨。

赵中华：你假设这是一个角落，躲进这个角落，回忆一下小时候，把你想表达的，表达出来。

案主：爸爸我也不知道你为什么打我们，总是跟妈妈吵，尤其你喝了酒回来，我们晚上睡熟了，还会把我们的被子掀开，还会打我们，我也不知道为什么。我现在都还记得有一次你回来，我和弟弟都睡熟了，你把我们的被子掀开，还要打我们。

赵中华：打你的情绪在身体哪一个部位，不舒服？

案主：在脑袋里。

赵中华：是一种什么情绪？

案主：很讨厌这个爸爸。

赵中华：很讨厌，说我讨厌你！

案主：我讨厌你。

赵中华：声音大一点，发泄出来。

案主：我讨厌你，我讨厌你，我讨厌你！你为什么总是打我们，打妈妈，我讨厌你！

赵中华：讨厌之后有什么情绪？

案主：有愤怒。

赵中华：那我们今天把愤怒处理一下，其实你有很大的愤怒，一直在身体里，在脑袋里，给机会把你的愤怒宣泄出来。

案主：可以。

赵中华：你闭上眼睛，回忆你小时候，在被子里的时候，爸爸掀开被子打你，把这些愤怒都放在枕头里，对着这个椅子，一边摔枕头一边把愤怒喊出来，把你这么多年沉浸在你身体里的不舒服和委屈都发泄出来。

案主：爸爸我恨你，爸爸我恨你，爸爸我恨你！

赵中华：当你看到孩子这样子，父亲什么感觉？

爸爸代表：爸爸做得不对，但是爸爸还是爱你的。

赵中华：你做完之后现在感觉好一些了吗？

案主：好一些了。

赵中华：跟我说几句话。

老师带着案主一起说

妈妈，爸爸是你的，我没资格抢这个位置，对不起，从今天开始，我以儿子的身份来爱你，可以吗？

老师带着案主一起说

爸爸，感谢你给予我生命，让我来到这个世界，同时你对我的伤害也是存在的。在生命层面，我谢谢你，在生活层面，刚才我也交还给你了。谢谢你给予我生命，爸爸我爱你！

赵中华：还有什么要对爸爸说的？

案主：爸爸，你小时候从来没有鼓励过我，我们做得再好，你从来都看不到，一点点没有做好，你总是看到我们那一点点做得不好的地方。

赵中华：你希望爸爸怎么做？

案主：希望爸爸肯定我。

赵中华：怎么肯定你，你最希望爸爸说什么？

案主：儿子，你是我的骄傲，你太棒了。

爸爸代表：儿子，你是我的骄傲，你太棒了。

案主：感觉舒服一点，感觉我所做的，被爸爸肯定了。我觉得做什么事都有动力了。

赵中华：你有什么话想跟妈妈说？

案主：妈妈，你少说点话，总是唠唠叨叨，唠叨让我们心里都烦。

赵中华：你跟着我说几句话。

老师带着案主一起说

> 妈妈，爸爸才是你的老公，我不是，我也做不到。我曾经想过代替他的位置照顾你，但最终发现我做不到。

赵中华：这里有一个身份错位，他最开始是站在妈妈身边，想要占据父亲的位置，明白了吗？这是非常重要的。看着父亲说。

老师带着案主一起说

> 爸爸，妈妈是你的，我没有资格，也没有能力，去拥有她，我只能做孩子，我没办法代替你，我只能做我自己，我决定退出了。谢谢你！

赵中华：给爸爸鞠躬。很多时候我们叫"俄里浦斯情结"，"俄狄浦斯情结"有一个最重要的核心是孩子想上位，很多都是这样的，包括女儿都想上位，想做爸爸的老婆。今天你作为孩子去拥抱他们。现在让你好好感受父母的爱，父母的温暖，可能这份爱和温暖你等了很多年，你继承了爸爸，爸爸继承了奶奶，所以现在你唯有选择宽恕，选择原谅，你才可以不再继承家族的传承，我们这个家族系统才能真正全新开始，让我们拥有幸福的生活。

从今天开始，你放下你的暴脾气，因为你已经从系统里挣脱出来，不需要用打人来证明你是家族里的人，你无须这样做。父亲代表对儿子说句话。

爸爸代表：爸爸是爱你的。

赵中华：什么感觉？

案主：感觉轻松多了，以前总是背着包袱。

赵中华：你的作业，第一，每天对着镜子说出自己的三个优点；第二，每天对孩子说出他的三个优点；第三，每天对老婆说出她的三个优点。坚持21天，唯独鼓励才能滋养。

赵中华点评

> 暴脾气的重要原因，是家族遗传，这在心理学中叫隐藏的忠诚，没有人能伤害你，除非你允许他伤害，没有人能控制你除非你允许他控制，要想终结这种遗传，我们必须要从自己做起，让自己做情绪的主人，控制情绪，而不是被情绪控制，只有这样，我们才不会把这样的暴脾气遗传给下一代。

失眠十年，童年的阴影挥之不去

> **案主：** 男士，36岁，希望改善睡眠。

赵中华：你是失眠，是吧？有多少年了？

案主：具体一点的话，应该有10多年，这几年最严重。

赵中华：失眠到什么程度呢？

案主：我从一点钟上床，一直到三四点钟才能睡着，期间我起来上厕所、喝水、抽烟都会影响到家人睡觉。

赵中华：你印象中从什么时候开始的？

案主：这种情况准确说在我读书的时候就有。只是对那个时候的印象不是太深刻，这几年是越来越严重。

赵中华：第一次觉察自己失眠，要找原因，比如说我病了，可能昨天吹了空调，比如说我拉肚子，昨天晚上不应该吃螃蟹。你第一次感觉自己失眠，是什么时候，你觉得跟什么有关？

案主：有很多问题我解决不了，而这些问题又必须去解决，一到晚上就很焦虑。

赵中华：你小时候发生过什么？

案主：小时候发生过很多事情。

赵中华：印象比较深的重大事件，比如说溺水、亲子关系中断。

案主：我13岁时，爸爸拿皮带抽过我。还有我5岁时，我摘了别人的韭菜，我爸拿菜刀要砍我的手，我记得很清楚，因为我怕流血，我把眼睛闭上，我很怕。我10岁的时候，去一个亲戚家里面玩，那个亲戚把我送回来时，他就和那个亲戚吵起来了，然后气没地方出，又打我，把我的嘴巴都撕烂了。

赵中华：现在回忆起来是一种什么情绪？是什么感受？

案主：我现在回忆起来，感觉像死刑犯人被押到刑场。

赵中华：你内心是什么感受呢？是一种什么心情呢？

案主：抗拒和无奈。

赵中华：什么感受？比如说愤怒、委屈、麻木、焦虑。

案主：我很无奈，很麻木。

赵中华：有愤怒吗？

案主：过去这么多年，我已经不愤怒了。

赵中华：当时愤怒吗？还有他拿皮带抽你。

案主：拿皮带抽，愤怒啊。

赵中华：愤怒0-10分，打几分？

案主：9分。

赵中华：因为什么事他用皮带抽你？

案主：他经常喜欢在外面和别人争论，在外面受了气回来就找我出气，我放学回来，看到我就不爽，我也没犯什么错误。

赵中华：对你的这种打骂不止这两次，对吗？

案主：无数次。他还打我的头，痛几天的。还有到15岁的时候，他付不起学费了，以前经常会有付不起学费的时候，在12岁以后，我家经济条件不好了。

赵中华：我好像听说你这个头痛就从这里开始的，失眠，你说你十几岁就开始失眠了。

案主：对，就是我在初中的时候。

赵中华：好像这个和他有很大的关系，而且打头、晚上睡不着也是这个时间段，看来这里有很大的情绪需要处理一下。

案主：对，我情绪波动很大。

赵中华：感觉到了。

案主：有时我可能感觉整个人跌到地上，有时又感觉整个人飞起来了。

赵中华：这里有很大的情绪需要被处理，你觉得呢？来吧，我们来排列一下，请一下代表。

• **排列呈现**
（引入父亲代表、母亲代表、案主代表）

赵中华：跟着感觉移动，大家什么感觉？

父亲代表：有点对立的感觉，感觉有点心闷（见图1-6）。

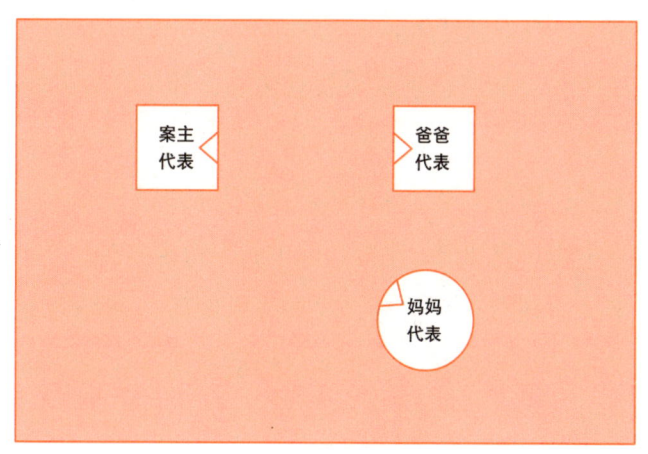

图1-6　各位代表排列呈现

母亲代表：感觉心里有点不太舒服。

案主代表：感觉心里很难受，看到爸爸有一点恐惧。

赵中华：看到爸爸有点恐惧，有点害怕，这两个人刚好站对面，你看着我，我看着你。你知道你爸爸为什么这么打你吗？你想知道原因吗？

案主：为什么？

赵中华：你看你的爸爸是唯一的一个孩子，可想而知，你的爷爷奶奶对他的要求有多高，期待有多大。

案主：我爸爸说他4岁的时候，我爷爷就去世了。

赵中华：奶奶呢？

案主：奶奶带过我，我很怀念我奶奶。

赵中华：你爸爸生长的环境，你觉得怎么样？你看到什么了？

案主：没看到什么。

赵中华：你的爸爸从小没有父亲，等于没有人教他怎么做父亲。

案主：那也不至于这样吧，我又不是犯人。

赵中华：我知道，是的，这个行为肯定不对。

案主：还有一个信息，我爷爷去世后，我奶奶为了生活，带着我爸爸改嫁了，我爸爸的后爸是在我爸爸24岁的时候去世的。

赵中华：你对你父亲是有点仇恨吗？我可以用这两个字吗？

案主：可以。

赵中华：我不是让你去做接纳，我要你看一下你父亲这边的家族，他是唯一的一个孩子，所以说他背负的东西挺多的。

案主：他背负的多，跟我有什么关系。

赵中华：是跟你没关系，我只是想让你看一下。

案主：我弟弟的待遇就不一样。

赵中华：是的，这里需要做两个处理，第一个关于你的情绪，我猜这个情绪，就是你小时候被他殴打，跟你失眠有很大的关系，这是我猜的。第二点，你要做父子关系的处理，首先要处理掉你那个愤怒，那个仇恨和愤怒不处理掉的话，下一步没办法进行。

案主：问题是他现在言语里也还是有点打压我。

赵中华：我们先做第一步。看着父亲，现在也请你闭上眼睛，回忆一下在你小的时候，父亲对你的打骂比较严重的几次，印象很深的，比如5岁的时候拿把菜刀来吓你，把这个回忆一下，把这种感觉调出来。OK，我看到你有很大的愤怒。

案主：他当时刀就放到这里（哭）。

赵中华：当时刀就放在这里，我们这里可以哭的，想哭就哭，没关系，当你回忆到他当时刀放在这里，现在回忆起来是一种什么情绪？

案主：很无奈。

赵中华：嗯，刚才已经说有愤怒，你前面说有九分愤怒，看着父亲的眼睛，有没有一些话一直想说，小时候你为什么这么欺负我，我又不是犯人，你为什么打我。现在给你一个机会，表达出来，你有什么想说的话，都可以说出来。

案主：我摘那个韭菜是想吃这个韭菜，家里没有，你就至于砍我的手吗？我这么多年就在想，我是不是明天就要上刑场，我经常会有这种感觉，明天是不是就要上刑场，因为我不能做我自己，我没有选择。

老师带着案主一起说

> 我恨你！你为什么这样打我？我还是个小孩，我才五六岁，我还是不是你的孩子？你就不能爱我多一点吗？我很愤怒，你为什么要这样对我，你就为了一把韭菜？我恨你！

赵中华：现在把你所有的恨，都放在这个枕头里，想想5岁时的菜刀，10岁时挨的打，13岁时的皮带，把它们都放进枕头里，一边放一边发泄情绪。

案主：我为什么要遭这样的罪？

赵中华：放完了就往前走，最后一步，把对父亲的愤怒、委屈全放到里面然后睁开眼睛，你把这个愤怒和委屈的情绪，全部把它摔在地上，你要和它彻底告别，用尽你全身的力量去摔。

父亲代表，当你看到孩子这样，你有什么话想对孩子说？

父亲代表：父亲当时做得太过分了，希望向孩子做忏悔。

赵中华：那就做忏悔吧。

父亲代表：孩子，真的对不起，在你那么小的时候，在你那么不懂事的时候，我不应该把外面受的气撒在你身上，其实你是无辜的，是父亲的无知，是父亲的愤怒，转移到了你身上。对不起，孩子，如果有机会，真的愿意让你把所有的愤怒发泄到我身上，来抚平你的创伤，对不起，是父亲的错，是父亲的愤怒转移到你身上了，对你的童年甚至后半辈子产生这么大的伤害，能不能给我一次请求你原谅的机会。

赵中华：当你听到爸爸这么说，你有什么想说的？跟我一起说。

老师带着案主一起说

> 爸爸，我需要你的爱，我需要你的肯定，我需要你的认同。

老师带着爸爸代表一起说

儿子，爸爸爱你！爸爸所有的一切都是爱你，只不过用了你不能接受的方式，伤害了你，对不起，孩子。

老师带着案主一起说

爸爸，感谢你给我生命，在生命层面，我接受你，谢谢你给我了生命，谢谢！

赵中华：看到爸爸的过去，他也是一个不容易的孩子，他没有感受过爸爸的爱，你还有人打你，你爸爸连想有个人打他都没机会，你知道吗？他多么渴望他也有个爸爸扇他一巴掌，他没那个机会，你看到了吗？所以，今天你自己做选择，你是否愿意放下了，重新开始，这个需要一些力量。你从小跟奶奶一起长大，找个奶奶代表。

（引入奶奶代表）

赵中华：和奶奶拥抱，你从小最喜欢的奶奶，她会支持你的，带着奶奶给你的力量，去接纳这个爸爸，他也不容易，他是一个4岁就没有了父亲的人。你过去这么多年一直折磨自己，是时候要画个句号了，奶奶也一直在支持你，愿意吗？

案主：我愿意。

赵中华：你是非常有力量的人，不是所有人都愿意原谅的，你愿意原谅，这是非常难能可贵的。过去拥抱一下爸爸。其实你的爸爸相当于一个没有父亲的人，他也多么渴望有人爱他，他用了一种你不能接受的方式伤害了你，但是爸爸对你的爱从来没有改变过，期待的背后是爱，如果没有爱就没有期待，你要更多地看到父亲的爱，只是他爱的方法是不能接受的，他伤害了你。同时，我们更多地要看到他不容易的一面。

去感受父亲的温暖，去感受父亲的怀抱，可能这个温暖、这个怀抱，你等了很多年，现在去感受他。想象自己带着可以接受的部分去接纳你的父亲，在父亲的怀抱里长大，变成一个真正负责任的男孩，变成一个真正愿意承担，愿意为自己人生负责任的男孩。

父亲代表：孩子我爱你！谢谢你！

案主：谢谢赵老师，我现在感觉人舒服多了，谢谢我的爸爸妈妈。

赵中华：也许今天晚上睡个好觉。给你布置个小小的作业，每天早上起来对着镜子说，你可以不完美，我也爱你。后面可以加上，你真帅，你好有魅力，但前面那句话一定要有，坚持21天。

> **赵中华点评**
>
> 　　父母对孩子的影响会持续一生，所以父母一定要正确对待不听话的孩子，有些家长采取打骂的形式教训孩子，也有的家长采取冷漠的态度，不予理睬，这些都是不对的，父母应该走到孩子面前，蹲下来，拥抱孩子，看见即疗愈，让孩子懂得什么是爱。

第二章

错位：
背负着不该背负的责任

CHAPTER 02

在家庭中是有序位的，如果身份错位，做了自己不该做的事，就会觉得特别累，比如孩子觉得父亲不称职，他就去做父亲该做的事，或者妻子去做丈夫的事，这样的错位人生，家庭成员都不会感觉幸福。帮助案主纠正自己的错误观念，回归自己。

● 勇敢面对亲人的离去

> **案主：** 女士，30多岁，希望改善自己的情绪。

赵中华：今天做什么主题？

案主：最近状态特别差，可能跟父亲检查出肝癌有关。

赵中华：你指的状态差是指哪些方面状态差？

案主：精神上，内心静不下来。比如说学校去招生，到学校去找一些负责人谈一下，或者今天有家长来学校拜访，在接待家长时，都会有这种现象。

赵中华：这种情绪有多久了？

案主：从5月份我爸爸检查出肝癌到现在有半年了。

赵中华：今天的目标是什么呢？

案主：希望能调整好我现在这个状态，让自己的心能够静下来。

赵中华：你怎么看待你爸爸得病这件事？

案主：刚开始不能接受，觉得不是真的，不可能。经过半年时间了，也做了三次手术，慢慢也放下一些了。

赵中华：这种静不下来是一种什么感受呢？

案主：就是做什么事，心里乱糟糟的。开心不起来，恐慌，心里堵得慌。

赵中华：你觉得你不能面对你爸爸得癌症这个事情？

案主：怕失去。

赵中华：你爸爸家族有这个病的家族史吗？

案主：有。大伯是食道癌，三伯是胃癌。

赵中华：爷爷奶奶呢？

案主：很早就去世了，不知道是什么病。

赵中华：我们探索一下（见图2-1）。

（排列呈现引入父亲代表、母亲代表）

赵中华：爸爸肝癌这件事情，我相信你心中是有些话想说，我现在给你一个机会表达一下。

案主：爸爸，我真的不希望你得病，也不想看到你那么痛苦，不想看到你被病痛折磨的样子，我觉得是我自己

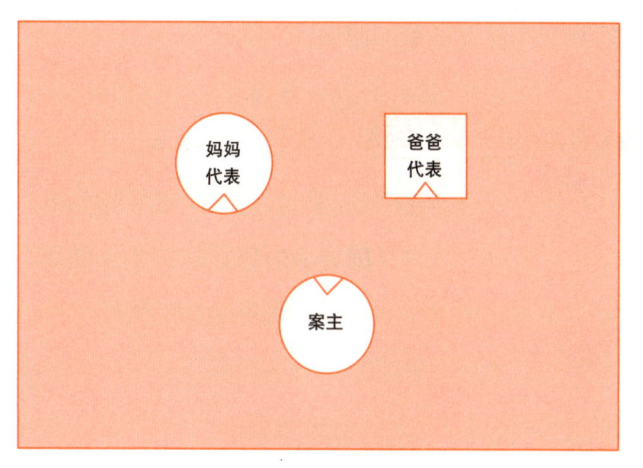

图2-1　各位代表排列呈现

没用，没能照顾好你。

老师带着爸爸代表一起说

> 我由妈妈来照顾，你没办法做我的妻子，你只能做我的女儿。

老师带着妈妈代表一起说

> 爸爸是我的丈夫，他不是你的丈夫，爸爸属于我，你只能做女儿。

赵中华：你愿意退出来吗？

案主：我愿意。

赵中华：看着爸爸的眼睛。

老师带着爸爸代表一起说

> 爸爸的病是我自己的事，与你无关，也许有一天我会走，但我们还会相见，也许是几十年之后，不管我走与不走，我永远在你身边，永远跟你在一起，你都是我的女儿。

赵中华：现在有什么话说？

案主：爸爸，我真的很爱很爱你，我知道你有妈妈照顾，我应该很放心，我相信妈妈会把你照顾得更好。

赵中华：给爸爸鞠躬。现在真正的回到一个孩子的状态，想象爸爸妈妈越来越高大，你变成一个孩子，爸爸的人生有爸爸的命，其实不是爸爸得癌症这件事，是你没有完成心智上面那份成熟，舍不得跟他分开，但这一天迟早会来，不管得不得癌症也会来，我们总要面对这一天，父母的离开，总会有这么一天。

现在还有什么话想对爸爸表达吗？你们俩牵着手。

案主：我想说，在未来的日子里，有我妈妈照顾你，我好好照顾自己的家庭，好好工作挣钱，让我爸妈过得更幸福。

赵中华：你只能做你能做的，爸爸妈妈希望你幸福，不是希望你拼命挣钱，你拼命挣钱，就没照顾到你老公，爸爸希望看到你家庭破裂吗？

父亲代表：不希望。

赵中华：爸爸希望你每天拼命挣钱吗？

父亲代表：不希望。

赵中华：别用盲目的爱去爱别人，父母希望看到你活得轻松满足，给爸爸妈妈一个拥抱。

你的焦虑来自你的遗憾，担心有些事没做完你的父亲不在了，你的焦虑在这里，而不是赚多少钱，这就是来自所谓盲目的爱。

父亲并不希望你这么去工作，父亲并不希望你这么拼命。你要明白什么是爱，不要以你的观念去爱，你只有经营好自己的家庭，把你这个家族传下去，这才是对你爸爸最大的爱。

赵中华：做完以后感觉怎么样？

案主：感觉心里好像轻松了很多，也能够坦然去接受、面对。

赵中华：作业是每天给自己留一个小时，这一个小时属于你，可以干任何事，比如说唱唱歌，跳跳舞，每天对着镜子说三遍：你可以放松。坚持21天。

> 赵中华点评

成年人应该能够接受父母的离开，父母的离开是我们成人的必经之路，谁都要经历，一代一代传下去，生命就是这样的，不管我们多爱父母，父母总有一天会离开我们，这是事实，我们唯有带着父母的爱，把生命传下去，让整个家族系统变得更兴旺、更强大，这才是不枉费父母把生命传给我们。父母最希望看到的就是自己的孩子每天很快乐、很开心，不希望看到孩子每天很焦虑，所以，让自己幸福就是对父母最好的报答。

身份错位,让你失去了女人的温柔

> **案主:** 女士,40多岁,希望改善夫妻关系。

赵中华:你的主题是什么?

案主:希望家庭幸福。

赵中华:目前你家庭是什么情况?

案主:打了20多年冷战,不过我们的冷战也不是特别冷的那种,还会有感情。

赵中华:你们结婚多久了?

案主:27年了。

赵中华:你希望个案做完之后,能够对你的家庭有什么帮助?

案主：我和老公的感情更好一点，和孩子的感情也更好一点。

赵中华：那你希望和你老公的感情好到什么程度？

案主：就是我说话他能认可。

赵中华：我认为这个不叫亲密度，这个叫认可度。亲密度指的是拥抱、热吻。我们来测一下三情，第一个是爱情，0到10分，你觉得你给你的爱情打几分？

案主：4分。

赵中华：你给你的激情打几分？

案主：1分。

赵中华：你给你的友情打几分？

案主：6分。

赵中华：所以说你们更适合做兄弟。因为你给友情打了6分。你觉得你们之间最需要提升的是什么？或者最大的阻碍是什么？

案主：沟通。

赵中华：是你不愿意跟他沟通，还是他不愿意跟你沟通？还是两个人都不愿意沟通？

案主：都不愿意沟通。

赵中华：你为什么不想跟他沟通？

案主：我一沟通他就骂我，态度就不好了。

赵中华：比如说呢，你是怎么沟通的？你模拟一下，假设我现在是你老公，你模拟一下你怎么跟我沟通？

案主：我说今天有什么事，我还没开口，他的态度就不好了。

赵中华：我跟你说话，在你的眼神中看不到温柔。我想问你到底是男人还是女人？

案主：我想变成女人。

赵中华：你的眼神太犀利，这就是为什么你老公不愿意跟你沟通的原因。你从小认同你这个身份吗？

案主：认同。

赵中华：你剪短头发多少年？

案主：7～8年了吧？

赵中华：说一下你成长经历中都发生了什么？为什么你不够温柔？为什么眼神这么犀利？

案主：我觉得我和我妈妈一样。

赵中华：跟你妈很像，是吧？这是非常典型的复制。你妈脾气不好表现在什么方面？

案主：喜欢抱怨。

赵中华：还有呢？

案主：如果我们不做什么事了，她就发脾气、骂人。

赵中华：从小骂你多吗？

案主：骂我倒不多。我们家有三姊妹，骂我姐姐骂得多些。

赵中华：你姐姐是老大，你上面还有个哥哥，你是老小，对吧？

案主：对。

赵中华：你跟你老公吵架也是指责和抱怨，有动手吗？

案主：以前有。我老公和我都强势。

赵中华：你们动手谁赢？

案主：分不出输赢。

赵中华：我个人感觉你没有女人的温柔是你婚姻中最大的问题，如果你想要家庭幸福，这个是对你非常关键。小时候发生过什么印象深刻的事？

案主：我6岁时，我妈妈做了手术，手术失败留下后遗症，身体一直不好，我上小学的时候家里总是提醒我，说妈妈会死的。

赵中华：你的亲子关系有中断吗？

案主：一直和爸爸妈妈一起生活。

赵中华：你的父母吵架，一般是你妈妈比较强势一点，还是爸爸稍微强势点？

案主：我觉得我爸爸妈妈跟我们夫妻一样，双方都强势。

赵中华：你爸爸现在去世了吗？

案主：去世了。

赵中华：什么时候去世的？

案主：2013年。

赵中华：现在你妈妈有再婚吗？

案主：没有。

赵中华：你父母吵架谁的嗓门大一点？

案主：我妈妈很强势，但是她怕我爸爸，我爸发脾气，她就怕他，她就会声音压低一点。

赵中华：我再问你一个问题，你以前穿裙子吗？留长头发吗？

案主：小时候穿过裙子。

赵中华：你从什么时候开始短头发？

案主：我结婚前头发稍长些，但也不是太长。我从来都没有留过长发。

赵中华：发生了什么事让你没有温柔了？

案主：我感受不到爸爸妈妈的爱。

赵中华：感受不到他们的爱。

案主：我们家的亲戚都说在我们三个孩子中，我父母最喜欢我，我姐姐挨打最多，从来没打过我。他们都说我父母爱我，但是我感觉不到。

赵中华：发生了什么事？让你感受不到爱，让你的整个人都不像个女人？回忆一下。

案主：我小时候感觉家里不是很有钱。我就很想挣钱帮家里。我16岁开始出去打工赚钱，挣了钱寄回家。

赵中华：你为什么这么拼命地赚钱？

案主：我就巴不得家里越来越好。

赵中华：你想证明什么？你想证明你是个女儿，但和你哥哥一样优秀，是吗？

案主：我哥哥不优秀。

赵中华：那你是想证明你比他更优秀吗？你这么努力想证明什么？

案主：我想帮助我爸爸妈妈。

赵中华：你想拯救他们。你觉得你哥哥做得不称职，让你来做，是吗？

案主：我哥哥一直都老实。

赵中华：对，你觉得他老实，不像个男人，所以你要比他做得更好，你觉得你更有资格来拯救这个家，你要证明你比哥哥更优秀，你才是家里最厉害的。所以你没有温柔，所以你和老公关系不好？因为你们是两兄弟在一起结婚。你犀利的眼神，让人畏惧。

我们现在做一下身份解除，好吧？选一下代表。

•排列呈现

（引入妈妈代表、爸爸代表、案主代表、姐姐代表、哥哥代表）

赵中华：大家跟着感觉移动，都有什么感想？

妈妈代表：心里就想逃离。

爸爸代表：我开始想去追随妈妈，但深深地感觉到她想逃离我，所以我不知所措，我就定在这了，然后他们向我聚集的时候，我觉得胸口很堵，手有点麻。

哥哥代表：我一上来我就不想跟妈妈在一起。

姐姐代表：我想跟妹妹在一起。

赵中华：这里面有一个重要线索。你选了一位女士代表你哥哥。这是很大的一个线索。为什么这里有男的不选，选女的？被我说中了，在你心目中，哥哥像个女的，你希望自己做男的，所以你的问题出现在哪里？就是你和哥哥身份错位。你觉得哥哥做得不称职，不像个男的。所以你来做男人。你看你的发型、服装、眼神都像个男人。为什么你老公跟你沟通不了？他觉得是两个兄弟在说话。

这个家里面还有个线索，就是你的妈妈，你看你妈妈和你爸爸站得这么远，说明他们关系很疏离。你妈妈感觉在这个家被孤立了，三个孩子全都围着父亲。可见你们从小在心里面是特别渴望父爱的，特别渴望被爸爸关心，所以比较关注父亲。

案主：是的，我觉得我爸爸在家里很重要。

赵中华：再请一个你老公的代表（见图2-2）。

（引入老公代表）

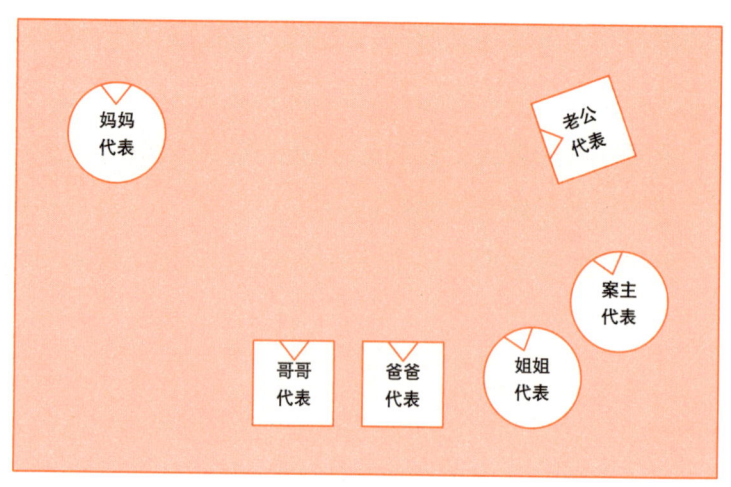

图2-2　各位代表排列呈现

老公代表：我想靠近她，但是感觉到她好像带刺似的。

赵中华：（对案主说）你有什么感觉？

案主：我想靠近老公，但是我又不愿意往前走。

赵中华：对，我看得出来，你还是想靠近老公，但你走到这里就停住了。

案主：是的，我想靠近他，但靠近了又怕。

赵中华：你的怕是指什么？哪方面怕？你害怕你受伤还是害怕什么？

案主：我想靠近他，我害怕他不理我。我老公说感觉我带刺。

赵中华：你老公也说这话？

案主：其实我老公也不是不喜欢我，有时他喝醉了酒，总是说喜欢我，然后说我身上有刺。

赵中华：你为什么让你老公感觉无法靠近呢？是因为有一个人一直住在你心里，这个人就是你的哥哥，你和你哥哥身份重叠，所以导致你不能像女人一样活着。另外一个问题就是你的原生家庭，你的爸爸和妈妈的关系，在你的婚姻中得到复制。

案主：我爸爸妈妈吵架归吵架，但是我爸爸还是对我妈挺好的。

赵中华：好，我们来做身份解除。你跟你哥哥关系怎么样？

案主：我以前不喜欢哥哥，我哥哥太软弱，他把家里搞得一塌糊涂。

赵中华：你有什么话想跟哥哥说？

案主：哥哥，我对不起你。以前我看不起你，感觉你把这个家搞得很不好，我们都不想回家。我错了，哥哥，我以后会尊重你、爱你，对不起！

赵中华：不错，再跟着我讲几句话。

> **老师带着案主一起说**
>
> 哥哥你是男孩,我才是女孩,我不能做男孩,我只能做女孩,哥哥,你比我大,我要尊重你,哥哥,我爱你!哥哥,我退出来了。从今天开始,我回到女孩的位置。谢谢你,哥哥。

赵中华:给哥哥鞠个躬,往后退一步,这一步就代表你从男人的身份退出来了,回到你女人的位置。哥哥就是哥哥,他做得再不好,他也是哥哥,你还想抢他的位置?你还想去做哥哥,那个位置不属于你。

爸爸妈妈过来。站对面。你一定有一些话想对你爸爸说的。可能这句话一直没有机会说。我给你一个机会。跟你爸爸表达一下。

案主:爸爸,我爱你。我一直没有对你表达我对你的爱。我对不起你,你生病的时候,我没好好照顾你。我错了。我以后会永远把你放在心里的。

赵中华:再跟着我说几句。

> **老师带着案主一起说**
>
> 爸爸,我有资格做女孩吗?我可以温柔吗?我可以像女孩一样活着吗?爸爸,谢谢你!爸爸,我爱你。

赵中华：和妈妈有什么话想说？

案主：妈妈，我一定会好好孝敬你，我一定会好好爱你，把你放在心里最重要的位置。

赵中华：你再跟着我说几句。

老师带着案主一起说

> 妈妈，我可以温柔吗？我不想像你一样。我想做回我自己。妈妈，我很爱你。曾经我跟你一样。那一切都是为了爱。但是今天，我想做我自己。我想回到一个女人的位置。以女人的身份活着。妈妈，可以吗？

妈妈代表：可以。

赵中华：给妈妈鞠躬。给爸爸妈妈一个拥抱。好，老公过来站对面。老公再认真盯着老婆的眼睛看看，还带不带刺？

老公代表：好一些了。

赵中华：现在你跟着我说。

老师带着案主一起说

> 老公，我现在决定变成女人，你可以接受我是个女孩子吗？老公，对不起！过去有些事情伤害了你，对不起！

赵中华：听完她这么说，你有什么话想说？

老公代表：其实我是很爱你的。

赵中华：给老公鞠个躬，你只有真正变成女人，你老公才能变成男人。你没有变成女人，你老公永远变不成男人。女人跟随男人，男人服务女人，你一定要记住这句话。你只有真正温柔了，变成一个女人，你老公才有力量来爱你，才会关心你。不要害怕你说话他不理你，不会的，只要你温柔起来，男人就会来爱你。好，我给你布置一个作业，每天对老公撒三次娇，你回去一定要做。

赵中华点评

案主是典型的身份错位，明明是女孩，但一定要做男孩，由于这样的错位，在婚姻中表现得缺乏温柔，影响夫妻之间的正常沟通。

身份错位导致夫妻矛盾

> **案主：** 女士，39岁，希望改善夫妻关系。

赵中华：你想做什么主题？

案主：我想改善夫妻关系。我们经常会莫名其妙地吵架。

赵中华：一般是谁先发火？

案主：我老公隔一段时间就想要我骂他一下，他会故意让我发火。

赵中华：你讲一件事，我听一下。

案主：比如上个星期，那天我很早要去上班，我把洗好的衣服收了，就放到床上没叠，等到晚上回来的时候，我发现衣服没叠，而孩子在洗澡，我马上要抱孩子出来，我就喊我老公，让他把衣服叠一下，他就不愿意做，自己一个人躺着玩手机，我就说你帮一下忙，他后来看我在给孩子洗澡，他就跑进屋叠衣服，但他只叠了自己的衣服，其他衣服没叠，他就想着我会骂他，但是我那天没骂他，他就很不舒服，第二天他又来哄我，他说你骂我吧，我就这样子，怎么了？

赵中华：在婚姻里，你认为你是做了你老公的妈妈、女儿，还是妻子。

案主：他可能经常把我当妈妈。

赵中华：所以当你做了他的妈妈，你的老公就会在你面前撒娇，就会扮演儿子，他认为你是妈妈，你要照顾他的情绪，你要对他负责，你要照顾他的生活。他的想法已经很明显了。你希望通过咨询达到什么效果？

案主：我想知道怎样才能和他好好相处？

赵中华：很简单，做一下身份确认，你不是他妈妈，而是他妻子。

案主：我有时候跟他开玩笑，我说我又不是你妈。

赵中华：这个不用说，需要用行动。

案主：但是在家里他根本就不愿意做家务，就像叠衣服一样，他只把他的衣服叠好，然后不叠我和孩子的衣服。

赵中华：在婚姻中，你把他当成了老公，还是把他当成了爸爸，还是把他当成了儿子？

案主：多数时候是把他当成老公，偶尔有时候也会当成爸爸。

赵中华：你们双方都存在身份错位。所以在婚姻里最大的问题就是身份不确定，相互身份错位，就会出现很严重的问题。那如何修复呢？我们一定要看看你父母之间的关系。我们看一下你的原生家庭，你有一个妹妹是寄养的，是吧？

案主：对。

赵中华：你觉得你爸爸妈妈关系怎么样？

案主：非常好，在我印象中，他们就是夫唱妇随，我妈妈特别包容我爸，我爸也很关心我妈。

赵中华：你觉得家里面有爱吗？有幸福吗？

案主：有。我们家吃饭都会在一起。

赵中华：你爸爸脾气暴躁吗？

案主：他的暴躁表现在我们如果学什么事学得慢些，他就很不耐烦，冲我们发火，因为他的能力很强。

赵中华：你爸爸打过你妈妈吗？

案主：没有。

赵中华：平时在家里面，爸爸是什么应对姿态，指责？讨好？超理智？

案主：我妈妈很喜欢抱怨，妈妈抱怨的时候，爸爸会回她几句，但没说几句他就会走开。

赵中华：我们来排列一下，请一下代表（见图2-3）。

• **排列呈现**
（引入爸爸代表、妈妈代表、案主代表）

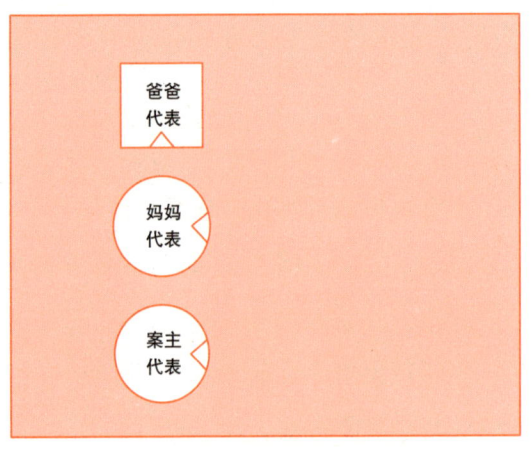

图2-3 各位代表排列呈现

赵中华：台上的人眼神交流，跟着感觉移动，走到一个你感觉舒服的位置。大家都有什么感受？

爸爸代表：我觉得能看见她俩就感觉挺好。

妈妈代表：我觉得我站在这里挺舒服的。

案主代表：我也想看着他们两个人。

赵中华：这样看一家人还是挺和谐的。他们俩吵架的时候，你怎么做的？

案主：我一般都不会说什么，有时候我会说爸爸你不要说我妈妈。在我记忆中他们很少争吵，因为他们两个人天天都出去干活，干到晚上8～9点钟才回家。

赵中华：这里还有个重点，就是你站在这个位置，给我们的感觉是你有点高高在上的感觉，在家里好像你才是最大的。

案主：平时在家里我们听爸爸的多。

赵中华：一般是男性站在右边，女性是在左边。可是现在右边第一个是你，爸爸是在最后面。妹妹请上来吧，看一下有没有变化？

（引入妹妹代表）

赵中华：台上的人跟着感觉移动。你寄养的妹妹是多大到你们家来的。

案主：她出生九天，我爸爸就抱过来了。

赵中华：妹妹有什么感觉？

妹妹代表：就是很想跟姐姐在一起，觉得跟姐姐在一起比较有安全感。

案主代表：妹妹一上来我就感觉心跳得比较快。

妈妈代表：她一上来，我觉得好像浑身有点发冷。

爸爸代表：我觉得家里面多一个人也蛮好。

赵中华：你的爸爸总要调到一个能同时看到你们三个人的位置，少看一个都不行，所以可以看出来，你的爸爸为这个家确实付出很多。

案主：对，他操了很多心。

赵中华：而你的妹妹选择站在你的旁边，而没有选择站在妈妈的旁边，这也是一个信号，你和你妹妹关系怎么样？

案主：特别好，她有什么事都愿意跟我说。小的时候因为爸爸妈妈出去做事，都是我带她。

赵中华：哦，那有没有可能你在替某个人做某些事？

案主：应该是。因为爸爸妈妈很累，所有平时都是我带她。

赵中华：你觉得你在做什么位置？

案主：妈妈。

赵中华：对。所以这个地方要做一个身份解除。妹妹跟我一起说。

老师带着妹妹代表一起说

> 姐姐，谢谢你一直照顾我，非常感谢你！感谢你的付出！（给姐姐鞠个躬）你是我的姐姐，你只能做我的姐姐，你不能做我的妈妈。姐姐，我爱你，谢谢你！

赵中华：现在摆出你父母吵架时的样子，你们三个分别都站在什么位置？你会说什么？

案主：你们两个人不要老是吵来吵去，有什么好吵的？少说两句就好了。

赵中华：你站的这个位置就是在调节他们两个的关系，你成了父母的父母，身份错位，因为这种身份错位，你在自己的婚姻中就会去做伴侣的父母。面对爸爸，你和我一起说。

老师带着案主一起说

你是我的爸爸，我是你的女儿，我只能做你的女儿，我没资格做你的妈妈，我只能回到我的位置。原谅我的傲慢。对不起！

赵中华：面对妈妈，跟我一起说。

老师带着案主一起说

你是我的妈妈，我是你的女儿，我只能做一个女儿能做的，我没资格去做你的妈妈，去操控你，对不起！我要回到我女儿的位置，以女儿的身份来爱你。

赵中华：人不轻松是什么原因？人不轻松就是身份不

对，身份一对，人就轻松了。拥抱一下爸爸妈妈。

解决了你原生家庭的问题后，我们再看看你和老公的关系。

案主：其实我很爱他，他也很爱我，但是我们两个人经常会因为一些鸡毛蒜皮的小事拌嘴。

赵中华：好，请老公代表上来（见图2-4）。

（引入老公代表）

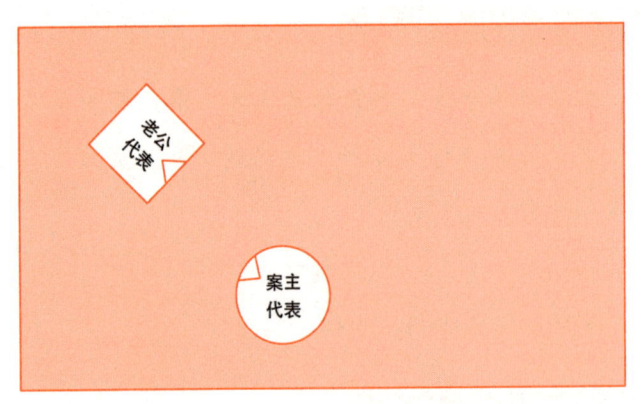

图2-4　案主与老公的关系呈现

赵中华：跟着感觉移动。老公感觉咋样？

老公代表：紧张。

赵中华：你看他就像个儿子一样，看到妈妈就很紧张。

案主：我感觉自己挺严肃的。

赵中华：为什么夫妻感情不好？明白了吗？

案主：因为他怕我。

赵中华：对。就像儿子怕妈妈

案主：他总说他怕我。

赵中华：对，你是软操控。他很怕你，你知道他为什么怕你？因为他怕他妈，如果一个男人从小被他妈掌控，很害怕妈妈，他就会很害怕老婆，你找到答案了吧？我现在引导他说两句话，你内心去感受一下。

老师带着老公代表一起说

你是我的老婆，我是你的老公，我只能做你老公，我没办法做你的儿子，更没办法做你的爸爸，去填补你的空虚，去满足你的寂寞。对不起！

赵中华：老公不理你，对你冷漠，说明他对你还有恨，你知道吗？爱有多深，恨就有多深。下面你再和我一起说几句话。

老师带着案主一起说

你是我的老公，我是你的老婆，曾经我对你有些要求和期待，这些要求和期待是我对我爸爸的要求和期待，对不起！我把这些放在你的身上，对你很不公平，现在我把它收回来，你是我的老公，我们俩是

> 平等的，从今天开始，你可以做自己，我尊重你，不再控制你，我爱你！同样也很欣赏你。老公请你原谅我，过去我做了你的妈妈，我没资格做你的妈妈，我只能做你的老婆，可以吗？

老公代表：可以。

赵中华：好，你们拥抱一下。

案主：我以前确实没有意识到自己身份错位，现在回想起来，因为家里没有男孩，经常被别人欺负，所以我潜意识里就会去做一个男孩，承担更多的责任。

赵中华：我可以给你布置个作业。就是尝试撒撒娇，向丈夫示弱。

案主：明白了。

赵中华点评

做两性关系，就要围绕原生家庭做，只有知道原生家庭父母对他的影响，才能找到根源。我常说，屋子漏水，要先修二楼，二楼问题不解决，一楼的漏水问题永远不能解决。

完美的爸爸导致找不到完美的伴侣

> **案主**：女士，39岁，希望提升自身力量。

赵中华：你今天做什么主题？

案主：我离婚10年了，一直不敢再走入婚姻。

赵中华：你今天想要达到什么目标？

案主：想让自己变得更坚强。我感觉自己常常委曲求全，愿意讨好对方。

赵中华：你之前找过男朋友，交往不是很顺利，是吧？

案主：对。

赵中华：未来有什么打算？

案主：我一直害怕再婚，感觉自己还会重蹈覆辙，因为我父母的婚姻就不幸福。

赵中华：你形容一下你的妈妈。

案主：她比较爱唠叨。

赵中华：你觉得你在婚姻中唠叨吗？

案主：刚结婚时我不唠叨，但后来莫名其妙地看老公越来越不顺眼。

赵中华：形容一下你的爸爸。

案主：我爸爸很勤奋，还有责任感。

赵中华：一旦女儿觉得爸爸特别的完美。那她以后婚姻就会有问题，因为爸爸就是参照物，她总要把丈夫和爸爸做比较。谈谈你小时候印象比较深的事情。

案主：我记得8岁的时候，我父母吵架吵得很厉害，妈妈要喝农药，爸爸要上吊。我小学三年级时，我外婆去世了。当时我妈带我去参加葬礼，我妈对我说，到了外婆家，你就假装哭。

赵中华：你学会了隐藏自己。

案主：我记忆里爸爸没有好好和我聊过天，也没有抱过我，他一直在外面工作，一年回来1~2次。

赵中华：这种状态持续多久？

案主：从我9岁到14岁。

赵中华：那你凭什么说你爸爸负责任？

案主：我们家从无到有都是我爸一手操办的，家里房子都是我爸盖的，而且送我们去读书，为他的弟弟妹妹也付出很多。

赵中华：你形容爸爸几乎全都是正面的词，勤奋、顾家、善良、有责任心、能吃苦。所以你离婚和你有个完美的爸爸有很大的关系。

案主：我和我爷爷感情很好，但我爷爷去世时我没去送他，因为我儿子当时才几个月，我一直感觉很遗憾。

赵中华：你对爷爷的离开有愧疚。你小时候是和谁一起长大的？

案主：我和我爷爷一起生活，当时我还要带我弟弟妹妹去读书。我妈妈后来也跟着我爸爸出去打工了，我带着我妹妹弟弟和我爷爷在一起。

赵中华：当时你多大？

案主：9岁的样子。

赵中华：相当于你又当爹又当妈。

案主：对，我父母每月给我些钱，我就承担家里的开支。地里的活我也需要请人去做，自己还要读书，还要照顾弟弟妹妹。我觉得我都没玩过，从小都是一直干活，很累。后来因为家里盖了房子，花了很多钱，虽然父母没有说不让我读书，但是弟弟妹妹还要读书，所以我就自己决定不读书了，16岁我就出去打工了。当初我自己不舍得花钱，省钱给弟弟买了一部手机。

赵中华：那你今天希望达到什么效果呢？

案主：我希望自己变得更坚强。

赵中华：你心里有很多委屈，在婚姻中你的委屈多吗？

案主：也有。

赵中华：我们来排列一下，请一下代表（见图2-5）。

•排列呈现
（引入爸爸代表、妈妈代表、案主代表）

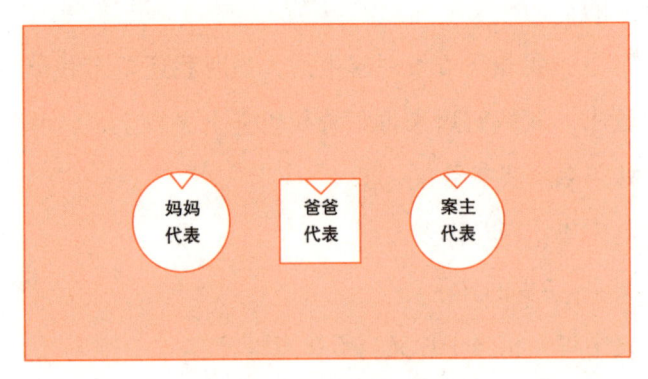

图2-5　各位代表排列呈现

赵中华：代表眼神交流，跟着感觉移动。这里已经很明显了，两个女人在争一个男人。很明显你想做你爸爸的爱人，你觉得爸爸这么优秀，又勤劳，又顾家，又负责任。而妈妈做得不称职，把你爸爸逼得上吊，你想自己来做爸爸的爱人。这是身份错位。为什么你的婚姻不幸福？因为你认定爸爸是最优秀的男人，其他男人都是垃圾，你为什么会挑他的毛病,根本原因在这里。案主代表什么感觉?

案主代表:我就想在爸爸旁边,感觉很好。

爸爸代表:他们两个站在我左右,我觉得都可以。

妈妈代表:我一开始眼睛里面只有他,但是后来我发现我又想推开他,不靠近我才舒服。

赵中华:你需要做个身份解除,我带你说几句话。

老师带着案主一起说

> 爸爸,我很爱你,甚至我都愿意牺牲我自己的幸福,这是我的原因,我一直都以你为标准,从今天起,我要做我自己。

老师带着案主一起说

> 妈妈,我很爱你。爸爸是属于你的,对不起,我只有资格做女儿,我没有资格去抢你的位置,没有资格成为你。对不起!

老师带着爸爸代表一起说

> 女儿,你是我的女儿,我是你的爸爸。我只能做你的爸爸,不能做你的老公。

赵中华：给爸妈鞠躬，从心里面退出这个位置。请弟弟妹妹代表上来（见图2-6）。

（引入弟弟代表、妹妹代表）

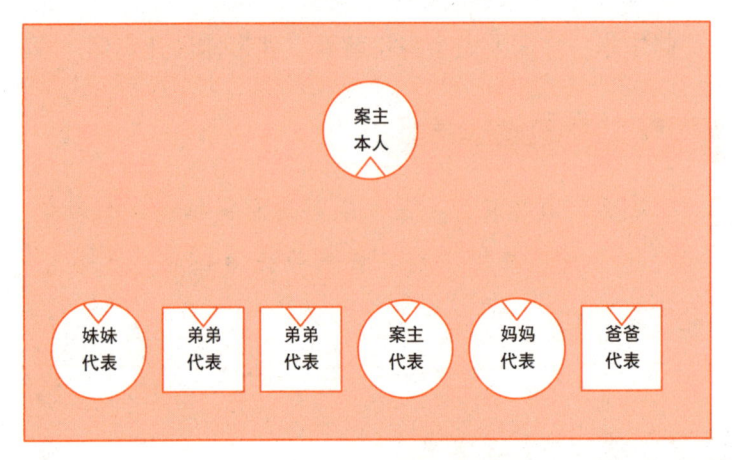

图2-6　案主看到自己的付出

赵中华：你要记住你站的位置，你只是姐姐，你休想代替她做妈妈，不管她做得称不称职，她都是妈妈。小时候因为特殊的原因，你确实付出了很多，把你的童年、青春全部奉献给你的两个弟弟和一个妹妹。我现在要请这两个弟弟和妹妹给姐姐鞠躬。感谢姐姐。跟我一起说几句话。

老师带着弟弟妹妹代表一起说

姐姐，谢谢你为家里付出这么多，感谢你，现在你不需要牺牲自己的幸福，你只是姐姐。姐姐，我们长大了，你不用操心了，你过好你自己就可以了。你对我们的爱我们早就感受到了，从今天开始你可以做回你自己。你可以去找回属于你的幸福。姐姐，我们爱你，祝福你，永远爱你。

赵中华：为什么你不敢走进婚姻，因为你心里总是牵挂很多人。你牵挂的人越多，就越会忽略自己。你一直想做烈士，烈士情怀就是用最小的代价换一辈子的荣誉。

你现在回忆一下你小时候最需要父母的事情是什么？

案主：小时候，弟弟妹妹都睡了，我就想谁来哄我睡觉。有时地里的活干不完就不能睡觉，我感觉很累。这些时候我都很想爸爸妈妈。

老师带着案主一起说

妈妈，我需要你。爸爸，我需要你。我很害怕，有时我真的很需要你们。

老师带着妈妈代表一起说

妈妈对不起你。孩子,你辛苦了。你替我承担了很多家庭责任,你替我付出了很多,谢谢你,女儿,你真棒!

老师带着爸爸代表一起说

女儿,谢谢你为这个家做的贡献,特别是你为弟弟妹妹的付出,你辛苦了,谢谢你。现在你有资格做自己,爸爸的命运是爸爸自己的选择。你是我的骄傲。爸爸爱你!

赵中华:现在你们拥抱一下,你感受爸爸妈妈的爱通过身体的接触,传到你身体的每一个部位,完全溶入你身体的每一个细胞。

案主:我轻松了很多。刚才弟弟妹妹向我说谢谢的时候,我整个人变得很轻松。

赵中华点评

我帮助案主解除了她的身份错位,同时也让她看到弟弟妹妹对你付出的认可,然后让她从父母的爱中找到力量,这样她才能轻装前进,去寻找自己的幸福。

第三章

不自信：
从原生家庭寻找力量

CHAPTER 03

经常否定孩子，孩子就会缺乏自信，作为父母应该允许孩子犯错，孩子都是在犯错中成长的，最能体现父母智慧的就是孩子犯错时如何引导他。案主不自信，就要引导他认识到没人是完美的，我们都不完美，完美等于完蛋，应勇敢接受自己的不完美，积极面对生活。

● 在成长经历中去寻找不自信的根源

> **案主：** 女士，49岁，希望提升自信。

赵中华：你想做什么主题？

案主：希望提升自信。

赵中华：在你成长经历中，什么时候被否定过？

案主：在我的印象里面，我妈妈对我基本上没有什么鼓励。

赵中华：你外公做什么的？

案主：在一个小石灰矿做矿工，有时候做点小买卖。我外婆就是家庭主妇。

赵中华：你爸爸去世了？

案主：对，在我还没出生的时候他就去世了，是煤矿坍塌了，他被压在里面了。

赵中华：爷爷奶奶是做什么的？

案主：农民。爷爷肝癌去世了。

赵中华：你离婚是谁提出来的？

案主：是他先提出来的。

赵中华：你现在有男朋友吗？

案主：没有。

赵中华：你妈妈又再婚了吗？

案主：她40岁时又结婚了。

赵中华：你知道父亲葬在哪里吗？

案主：知道。移了几次坟，在我们离婚前不久移到了我前夫的家乡。

赵中华：为什么移到他家乡？

案主：因为当时政府征地，让我们移坟，我前夫决定把我父亲移到他家乡去，以后我们回去祭奠父母的时候，就一起祭奠了。

赵中华：我们来排列一下，请一下代表。

•排列呈现

（引入案主代表、爸爸代表、妈妈代表）

赵中华：跟着感觉移动，大家谈谈感觉（见图3-1）。

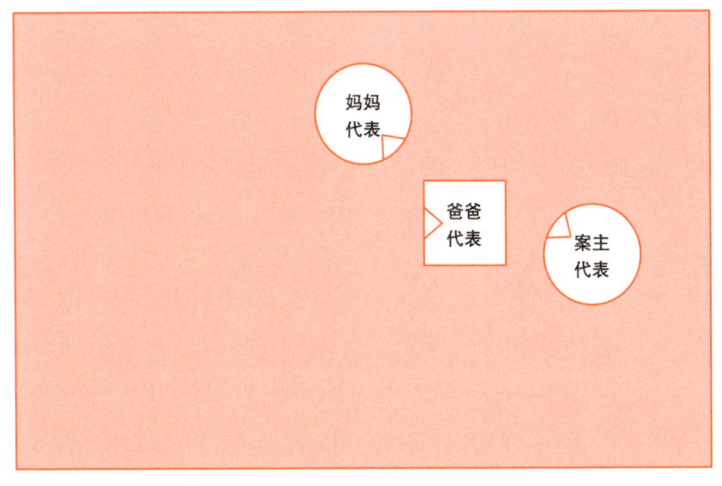

图3-1　各位代表排列呈现

爸爸代表：我感觉呼吸困难。

案主代表：我想跟着爸爸。

妈妈代表：我想跟着老公一起，但是我又想看着女儿，我心里有点慌。

赵中华：你妈妈承担了很多家庭责任，很不容易，怀着你六个月，就没有了老公，一个人还要带着你两个姐姐。

妈妈代表：感觉很孤独，也很无助。我很想靠近老公，但是我又舍不得女儿，但女儿又不理我。

赵中华：有可能你妈妈想追随你爸爸去，但又放不下你们姐妹三个。

妈妈代表：我很想跟女儿在一起，我很想跟她亲近，我一直跟在她后面，但她就一直离开我，一直走，我都追不上，她完全不关注我。其实我很爱她，我很想跟她在一起。

赵中华：你妈和你关系怎么样？

案主：原来不太好。我妈肯定是关心我的，但是我感觉不到，同时我对她的性格有一点烦，有点排斥她。

赵中华：现在闭上眼睛，回到你的童年，回到你最渴望爸爸的时候，比如说你受过委屈，比如说你受到伤害，比如说你被别人否定，比如说你被妈妈打，你会怎么样？你特别需要爸爸的时候是什么时候？回到你童年，不要睁开眼睛，慢慢往前走，每走一步你就变小一些，走到你最渴望爸爸的时候，你的爸爸现在就在你面前，可以去拥抱一下你爸爸。去感受一下你爸爸的声音，去感受一下你幼小的心灵，拥抱你的父亲，感受父亲的爱，父亲的爱会让有勇气面对所有的挫折和困难。你跟着我一起说。

老师带着案主一起说

> 爸爸，我很想你，非常渴望你的拥抱，当我看到别人都有爸爸的时候，我也想有爸爸，我很需要你。

老师带着爸爸代表一起说

> 爸爸一直都在陪着你，你身体的每一部分都有我的一半，女儿，你要接受现实，爸爸虽然不在了，但我会以另一种方式和你在一起，爸爸永远爱你！

赵中华：你从开始到现在，有点活在梦幻世界，你为什么这样？因为你不愿意接受现实，甚至你觉得父亲还没走。去感受爸爸的爱，在他身上感受力量，把这个力量变成自己的。

老师带着案主一起说

> 爸爸，你不在了，有一天我会来找你，我们总有一天会相聚，但不是现在，也许是50年之后，也许是60年之后，但总有一天我们会相见，爸爸，感谢你给予我生命，谢谢你！爸爸，我爱你！

赵中华：很多人不能勇敢面对现实，比如说有个亲人去世，他不接受，就一直活在梦幻当中。我觉得你挺了不起的，很多的孩子还不一定能够建立自己的家庭，她有了两个孩子，虽然婚姻出现了一些情况，但是我相信未来一定会好起来。

> **老师带着案主一起说**
>
> 爸爸，我会是个成功快乐的人，请允许我用有这样的方式来爱你，以后当我遇到困难的时候，只要想到你，我就拥有了力量，拥有了自我价值，爸爸，谢谢你！爸爸，我爱你！

爸爸代表：女儿，其实爸爸当年也很舍不得离开你，其实爸爸很爱你的。

赵中华：好，再拥抱一下。你现在不再是孩子，你是成人了，你以后不要怕犯错，只有孩子才怕犯错，怕爸爸妈妈说自己，记住老师的话，你每犯错一次，就是一次成长，所以不用怕犯错，犯错了可以改正。

案主：谢谢老师。

赵中华点评

什么是自信？自信是我相信我有能力能够在每天的事上获得轻松、满足、成功、快乐的人生，这叫自信，人为什么没自信？一定和被否定有关系。那什么叫自我价值？我是一个有价值的人，我值得被爱，同时我有能力去爱别人，推销自我，一个人长时间被否定，他的自我价值肯定就不高。

母亲的否定让我不自信

> **案主**：男士，40岁，希望改善紧张情绪。

赵中华：今天做什么主题？

案主：我遇到事情很容易紧张，无形中总有一股压力，好像在不停地否定我。

赵中华：这种感觉从什么时候开始的？

案主：从小学开始。

赵中华：小学时发生了什么？

案主：在我成长过程中，我爸妈从来就没有肯定过我。如果我想做什么事或要什么东西，不管我如何哭闹，都得不到我想要的结果。

赵中华：你是医生，是吗？

案主：我主要是中医颈肩腰腿痛，现在是全科。

赵中华：你是老大，下面有个妹妹，是吧？

案主：是的。

赵中华：你爸爸是做什么的？

案主：我父母都是农民，他们经常吵架。

赵中华：你和前妻离婚后，又结婚了，还有两个儿子。

案主：我前妻和现在的妻子都觉得我很优秀，其实她们都非常爱我。但我觉得她们从来就没有走进过我心里。我前一段婚姻，因为我出轨而结束了，我前妻，开始别人也不看好，但是后来大家都觉得她很好，至少比我好。我和现在妻子在一起的话，在别人眼里，不管是对孩子还是对我爸妈，对身边的每一个人，对我的朋友，他们都说我这个老婆也很好。而我永远是错的那个人。

赵中华：聊聊你父母。

案主：我妈妈就是不管我做什么事，她都否定。我爸爸就是比较懦弱，但好像又是因为他比较顾全大局，我父亲三兄弟，只有我爸结婚了，我爸对我妈的态度就是反正我也说不过你，我就不理你了。

赵中华：你的紧张情绪是因为不自信，和你的成长经历有关，一直被否定。我们来排列一下，请一下代表。

•排列呈现
（引入爸爸代表、妈妈代表、案主代表、妹妹代表）

赵中华：跟着感觉移动。你父母吵架，你帮谁多一些（见图3-2）。

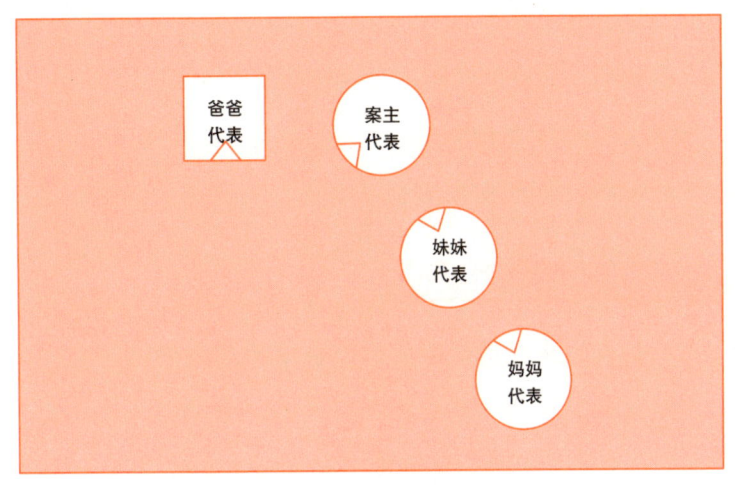

图3-2 各位代表排列呈现

案主：我会让妈妈少说几句。

赵中华：所以妈妈在家里是比较强势的，是吧？

案主：她也不是特别强势，反正就是无理取闹。

赵中华：从你们站的距离看，你和你妈距离挺远的。你说妈妈对你有一些否定。那爸爸呢？

案主：我爸爸4岁的时候，我爷爷就不在了。我爸爸很木讷，不太会表达情感。

赵中华：你妈妈一直否定你，你内心有什么想法？

案主：就是感觉我妈妈好像小孩子一样，一直就没长大，好像什么事情都是无理取闹，最后都是我们家里其他三个人去收这个场，没有她什么事，反正搞砸了就搞砸了，明天这个日子没办法过了就没办法过，好像都与她无关，反正她就这样做。

赵中华：你对妈妈有什么渴望？

案主：就是希望妈妈能够像正常人一样爱我。

赵中华：那你跟我一起说。

老师带着案主一起说

妈妈，我需要你的爱。但我没有感受到你的爱，你知道吗？我的心里接受不了别人。我特别渴望，我也特别期待。妈妈，你能像正常人一样爱我吗？

妈妈代表：我也喜欢你，但不会表达。

赵中华：你知道为什么妈妈不知道如何爱吗？因为她没有得到爱，她也是被别人否定，她从来没有被肯定过，她都不知道肯定为何物，所以她把仅有的一点点爱给了你。否定也是一种爱，人的所有行为都来自爱，指责、抱怨、否定也是爱。以前你看到的是否定的一面，现在你要看到她爱你的一面，这就是关键。如果你看不到爱的一面，你就会总是去关注否定。和妈妈说谢谢，然后拥抱一下妈妈，闭上眼睛，好好感受一下你妈妈的心。你希望妈妈怎么肯定你？

案主：儿子，在我心里你最棒！

妈妈代表：儿子，在我心里你最棒！

赵中华：你最渴望爸爸说一句什么话？

案主：我爱你，无论你怎样，我都爱你。

爸爸代表：无论你怎样，我都爱你。孩子，无论你怎么样，爸爸妈妈都爱你。

赵中华：我给你布置个作业，每天鼓励自己，最少十遍：我非常有力量，我非常棒！连续21天。

赵中华点评

从小一直被否定，就会缺乏自信，他结了婚之后，他对什么最忌讳？对否定最忌讳的。一旦他老婆否定他，他就很生气，因为他太在乎。所以他需要被肯定，用自我暗示的方法，经常肯定自己。

我做事为什么缺乏勇气？

> **案主**：男士，30多岁，希望提升自身的勇气。

赵中华：今天做什么主题？

案主：我想提升自身的勇气。

赵中华：聊聊你的原生家庭。

案主：我大概4岁左右，爸爸妈妈就去世了。

赵中华：你身体怎么样？经常生病吗？

案主：我身体不好。我父母去世后，我姐姐把我带大的。

赵中华：你想提升自身的勇气，你理想的状态是什么样？

案主：我做什么事都不敢到前面去做，我想改变这一点。

赵中华：你的婚姻情况怎么样？

案主：以前不好，现在还可以。

赵中华：你的成长经历中有什么印象深的事？

案主：我在公司里遇到别人欺负我、打我，我都没什么感觉，我基本上没哭过，我总觉得这些事是正常的，感觉自己很麻木。

赵中华：你这个不单单只是麻木，别人总是欺负你，别人总是说你，而你不敢反抗，这个在心理学上叫资格感，就是你不能拒绝别人，你觉得你没有资格，因为你一旦表现不好，你害怕别人不爱你，你一旦说不，你就害怕别人不爱你。

案主：是的。

赵中华：所以你特别渴望爱，根源就是亲子关系中断，你从小失去父母，你就每天戴着个面具，表明自己是个好孩子。人的愤怒有两种，一种对外，就是摔东西骂人，还有一种愤怒是对内，觉得自己不够好，自己没用，就容易得抑郁症或者自闭。人是不可能没有愤怒的，当一个人没有愤怒，就代表这个人总是戴着面具。你闭上眼睛，回到你的童年，一群人欺负你，那一次你没有发火，本来你准备发火，可是你又没办法发，在你小时候一定发生了什么事，有人对你说，你不应该发脾气，你要乖，你不要跟别人去争，别人都是对你好，这都是大道理。

案主：大概在我10岁时，我到我二姐家，邻居家的孩子骂我，说我是没有父母的孩子，这件事印象比较深。

赵中华：我们来排列一下，请一下代表（见图3-3）。

• **排列呈现**
（引入爸爸代表、妈妈代表、邻居家孩子代表）

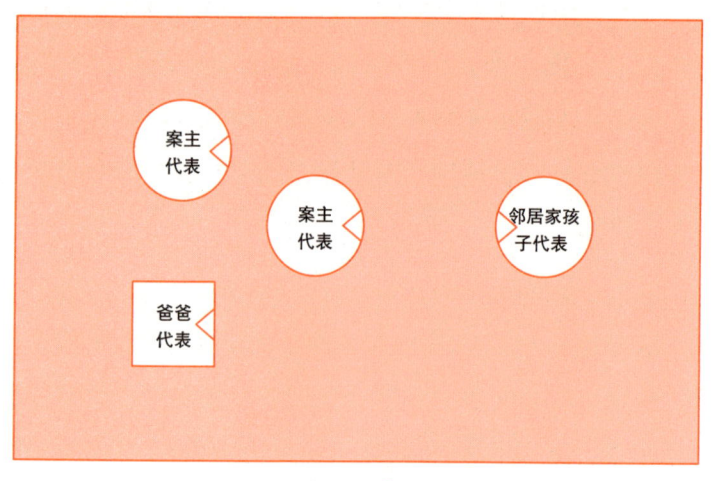

图3-3 各位代表排列呈现

邻居家孩子代表：你就是没爹没娘的孩子。

赵中华：它是你人生最大的一个障碍，刚才我看到你的情绪反应，现在我需要你大声地对他喊出来，说我是有爹有妈的孩子，大声说出来。

案主：（大声喊）我是有爹有妈的孩子。对，我是有爹妈的孩子。

爸爸代表：儿子，我是你的爸爸。你有资格战胜任何人。

妈妈代表：儿子，我是你妈妈。你有资格战胜任何人，我要你把欺负你的人打回去，你有资格战胜任何人。

赵中华：现在我邀请你。带着你父母的这种力量。把邻居家的孩子从这里推到后面去。必须大声发泄出来。谁说你没爹没妈？那你怎么在这里？你是一个有爸爸妈妈的人。爸爸妈妈所有的爱都给了你。你一边说我是有爸爸妈妈的孩子，一边骂他，一定要把心中的愤怒发泄出来。如果你不希望你的儿子像你这样懦弱，你一定要改变自己，今天必须把火发出来，没有退路。把你这么多年想骂的、想说的话全都说出来。

现在连接你父母的力量。所有的力量从你的头顶进入你的大脑，进入你的耳朵，进入你的身体。你是有资格的，你是有能力的。

案主：我有爸爸妈妈，你再也不能欺负我了。

老师带着案主一起说

爸爸，我真的很想你。当我人生遇到很多挫折，我时刻都在想，在我不开心时，如果你在我身边该有多好！

老师带着案主一起说

> 妈妈，你受过的委屈，我一直放在心里，我希望去实现你的梦想，我知道你想要我有个幸福的家。

爸爸代表：孩子，我的离开是心甘情愿，你做不了我，你只能做我的孩子，你没有资格做我。

妈妈代表：儿子，妈妈的离开，让你受苦了，让你受委屈了。对不起！

赵中华：你一直想活成你爸的样子，你要转变，要活成自己。

老师带着爸爸代表一起说

> 儿子，妈妈是属于我的，不属于你，我跟她的婚姻是我们俩的选择，你只是孩子，从爸爸的角色里退出来，儿子你想干吗？你想去做你爸爸吗？你做不到，你没资格，你也只会很辛苦。

赵中华：那是他们的位置。你做了你爸爸的位置。你儿子需要爸爸的时候。他去哪里找爸爸？所以为什么你老是问我，赵老师，我儿子怎么办？你儿子找不到父亲，感觉不到父亲的存在，因为你的心在父母这里，所以你要退出去。

闭上眼睛，拥抱父母，感受父母的爱，丢掉你的理念，丢掉你虚伪的面具。真正地面对他们。你的作业是每天拥抱三个人。坚持21天。

案主：谢谢老师！

赵中华点评

孩子为什么会胆小？非常重要的力量是来自和父亲的连接，母亲给予爱，父亲给予力量。如果孩子比较胆小、比较自卑、比较内向，很大的原因是和父亲的链接不够，和父亲多相处，才能变得勇敢担当。力量就是打击时能站起来，遇到瓶颈能突破。

经常被否定就会没有自信

> **案主：**男士，39岁，希望提升自信心。

赵中华：你做什么主题？

案主：我想提升自信心。

赵中华：你结婚了吗？

案主：结婚12年了。

赵中华：目前和爱人关系怎么样？

案主：还可以。我主要是想提升在工作中与人沟通交流的能力。

赵中华：你与人交流的状态更像爸爸还是更像妈妈？

案主：像爸爸多一点。

赵中华：你觉得你爸爸是一个什么样的人？

案主：爸爸老实、勤劳、固执，做人很正直。

赵中华：你小时候父母离开过你吗？

案主：在我3岁左右父母离开过1年多，我在外婆家待了1年多，之后就一直和妈妈在一起。

赵中华：你形容一下你的妈妈。

案主：我的妈妈勤劳，也很明事理，她和人打交道的时候。给人的感觉是很通情达理。在做人方面大家比较认可她，大家也很喜欢她。

赵中华：你父母吵架时，一般是谁说对方多一点？

案主：我妈妈说得多一些，因为我爸喜欢喝酒，我妈妈就经常说他。

赵中华：你觉得你爸爸对你要求高吗？

案主：我父母很少表扬我。

赵中华：你有印象深的事吗？

案主：我印象最深刻的是2009年，当时我想在别的行业去尝试一下，我父母都反对，他们不希望我冒险。另外，我父母现在和我住在一起，他们经常会说一句话，你不在我眼前我也不管你，但现在你在我们身边，我们就要管你。说实话，我非常讨厌这句话。他们经常唠叨，告诉我该怎样做事，我特别反感。我有时就会说现在不是你们教育我的时候，你们应该在我小时候教育我，我说这话后他们就会很生气，他们觉得他们说的话我就要听，按他们说的去做，不能让他们觉得他们说的话没用。

赵中华：现在你的爸爸妈妈，还有你一家四口全部住在一起？

案主：是的。

赵中华：你对父母有恨吗？

案主：有。

赵中华：我们来排列一下，请一下代表（见图3-4）。

• **排列呈现**
（引入案主代表、爸爸代表、妈妈代表）

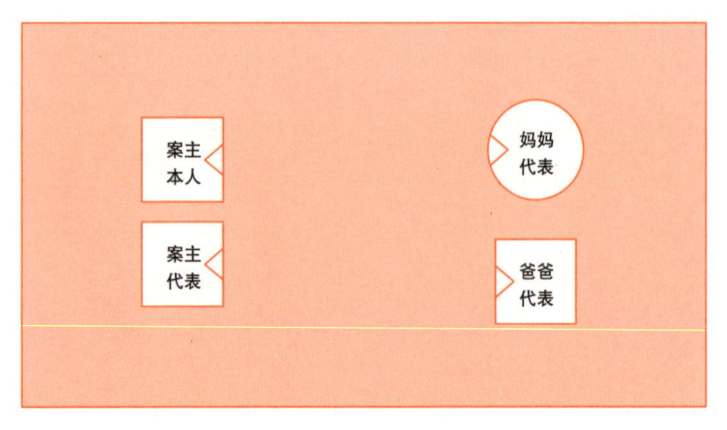

图3-4　各位代表排列呈现

赵中华：大家跟着感觉移动。很显然这个距离代表你和父母的关系不好，不然这个距离不会这么远。你什么感觉？

案主代表：我很抗拒，我看都不愿意看他们。

母亲代表：我看着他，心又慌又想看。

赵中华：你长时间被否定、被控制，你内心有很多的想法想说，可是被父母压抑，不让你说出来，你需要表达出来。请闭上眼睛，回忆一下。你的父亲对你的管控在你内心深处产生了什么情绪？或者你回忆一些具体的事情。

案主：我想到的是2009年的时候，我自己想去做一些调整和挑战的时候。

赵中华：当时你多大？

案主：我当时26岁。

赵中华：现在是26岁的你，你回想一下，当你的爸爸反对你去做这件事时，你内心是什么感受？有愤怒吗？

案主：有愤怒。

赵中华：非常愤怒是10分，不太愤怒是1分，你是几分？

案主：大概7分。

赵中华：那还是比较严重的。那接下来你把你内心这么多年一直想说的话说出来。你跟着我说。

老师带着案主一起说

你是我的爸爸，你为什么这么不相信我？也不给我一次证明自己的机会。我恨你。

案主（大声地发泄心中的愤怒）：我恨你，我恨你。你是我的爸爸吗？你为什么不相信我？你为什么不相信我？别人可以看不起我，所有人都可以批评我，所有人都可以说我不行，全世界可以否定我，但你哪怕只是有一点点相信我，我也会非常高兴。小的时候就有人看不起我，否定我，和别的小朋友玩，我会经常羡慕他们有个爱他们的爸爸，羡慕他们的家庭氛围非常温暖。我内心非常要强，我一直想证明自己是最好的，我现在其他东西都有了，但唯独没有爸爸的肯定。

赵中华：抱着这个枕头，把你的愤怒或者委屈，把爸爸对你的控制和否定，全都放进这个枕头。现在要用最大的力气，把这个枕头甩出去（见图3-5）。你可以大声地喊，把你这种情绪发泄出来，有些伤痛，我必须要放下。已经发生的事我们已经无法改变，我们是成年人，我们必须要为自己的未来负责任。

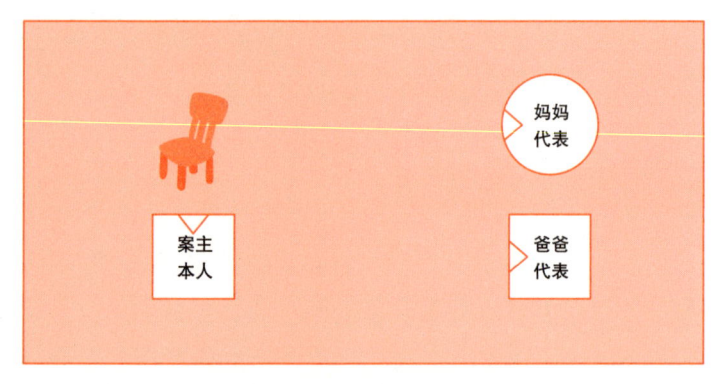

图3-5 案主砸枕头发泄情绪

案主：（边摔边喊）让你管我！不要管我！

赵中华：请问父亲心里有什么感受？

爸爸代表：我的心很痛，爸爸伤害了你，请你原谅！

赵中华：闭上眼睛，回忆一下，你最希望父亲鼓励你的两句话是什么？

案主：我相信你可以的，你就是我的骄傲。

赵中华：好。请父亲代表反复重复这两句话。

爸爸代表：你是我的骄傲，你可以的。你是我的骄傲，你可以的。

赵中华：我们再来看看你爸爸，你爸爸在他的原生家庭里上面有哥哥，下面有弟弟，他也经常被忽视。控制的背后来自害怕失去，你爸爸从小到大失去的太多，得到的爱太少了。

老师带着爸爸代表一起说

> 我不是个完美的爸爸，但是我爱你的心一定是真的。请你原谅，你愿意原谅我吗？

赵中华：你可以表达自己，你可以犯错。人际关系不好最大的原因就是害怕说错话，害怕自己说错话让别人不高兴怎么办，所以一定要敢于犯错。和爸爸拥抱一下，想象有一道光从你的头顶射进来，这道光代表着自信，现在它从你的头顶到你的眼睛你的耳朵,到你的脚趾尖,到你的手指尖,到你身体的每一个细胞、每一寸肌肤。这道光让你感受到爸爸的力量和妈妈的爱。你完全有资格做自己,我完全有资格去犯错误,你完全有资格不完美,因为没有人是完美的,从今天开始做不完美的自己,完全有表达自己想法的自由,你可以被接纳,也可以被欣赏,你身上的不自信就像雾霾一样散掉,白色的光进入你的身体,从今天开始你变得自信了。

案主:我感觉轻松了。

赵中华:给你布置个作业,每天对着镜子说,你有资格做自己,你有资格犯错,你有资格不完美。坚持21天。

赵中华点评

孩子不自信往往是两个原因,第一总是被否定,就是一个人无论做什么事都被否定,他就很难自信;第二是父母追求完美,父母什么都管,孩子就会畏首畏尾,就会没有自信。

如何让一个长时间被否定的人重新建立自信?肯定。只有爱才能化解黑暗。

第
四
章

父母：
走出原生家庭的阴影

CHAPTER 04

所有人的成长都离不开父母，和父母关系不好的人，和别人的关系也处不好，这是没法躲开的关系，只能完全接受你父母本来的样子，只要愿意放下仇恨，随时都可以放下，愿意轻装上阵还是痛苦一辈子都是自己的决定。

和父母和解,才能找到内心的幸福

> **案主:** 女士,30多岁,希望改善和父母的关系。

赵中华:你今天的主题是什么?

案主:我想改善和父母的关系。

赵中华:我们先聊聊你爸爸,还是先聊聊你妈妈?

案主:先聊聊妈妈吧。我妈妈对我从小到大要求非常严格,她认为女孩子禁忌多,有很多事情不能做,并且控制欲很强,不论我穿什么或者剪什么发型,都是由妈妈决定,从来没有让我自己做主。

赵中华:你认为妈妈控制欲强,同时还冷漠?

案主:我很期待妈妈给我笑容或者拥抱,但她从来不会这样。

赵中华：你父母的关系怎么样？

案主：在我4岁之前，他们的关系是非常好的。我4岁时，爸爸得病了，不太记得是什么病，父母开始争吵，包括爷爷奶奶和我妈妈也有争吵，从那以后感觉很不好了。

赵中华：不好在哪里呢？

案主：妈妈很少理睬我，对我的关心少了，弟弟出生后，她更关心弟弟，爸爸对我也很凶，经常打骂或者指责。

赵中华：弟弟在你几岁的时候出生的？

案主：我4~5岁吧。

赵中华：你的亲子关系中断过吗？

案主：在12岁之前大概有一个学期的时间离开了父母。

赵中华：你父亲在你9岁时过世了，聊聊你父亲吧。

案主：在我4岁之前，我父亲视我为掌上明珠，当时村里其他人都没有人买水果吃，但我爸爸经常带我去吃，对我非常好。4岁以后，突然感觉没有人关心我了，爸爸对我很凶，对我打、踢、掐，一直到他过世之前，我对他都很害怕。

赵中华：爸爸一般因为什么打你？

案主：比如说弟弟哭闹的时候，或者我学习中有不懂的问题时，他就会凶我，甚至有时莫名其妙就打骂我，我一般不敢看他，他去世时，我一滴眼泪都没有。

赵中华：你7岁时发生了什么让你恐惧的事？

案主：我读一年级时，我一个人上学、放学，回到家爸爸也会对我发脾气，我心里感觉很害怕。

赵中华：这种恐惧现在还有吗？

案主：我感觉应该是没有了。

赵中华：你爷爷奶奶是什么时候去世的？

案主：爷爷奶奶去世比我爸爸晚，80多岁去世的，爷爷奶奶关系也不是很好，奶奶也会指责我的爸爸，爷爷对我爸还好一点。我爸爸也不喜欢奶奶，动手打过奶奶，听我妈妈说，那时候我爸爸就开始生病了。

赵中华：你外公外婆呢？他们是干什么的？

案主：我外公最开始当过兵，经常给我们讲当兵的故事。姥姥就是农民，他们两个人一直很恩爱，一直到老，我外公几次病危都没有过世，因为放不下我外婆，我外婆过世以后，他大概又活了40天的样子就过世了。

赵中华：你认为你爸爸善良，善良表现在哪里？

案主：他的善良表现在小时候对我的关心，还有对我妈妈的关心。现在我明白我父亲是因为生病才对我脾气暴躁，但对我来说，伤害很大。

赵中华：你个人觉得具体什么事伤害比较大？

案主：爸爸对我打骂，我恨他，4岁以后我一直不敢叫爸爸，也怕见到他，经常躲着他。

赵中华：你31岁离婚了，与你同父亲关系不好有一定联系，一个人如果和父亲关系不好，那么未来和伴侣的关系肯定也会出现问题，你对爸爸的恨还挺大的。

案主：最开始是恐惧，怕他打我。

赵中华：你老公打过你吗？

案主：没有，但是他是冷暴力，我也受不了。

赵中华：妈妈对你的控制，爸爸对你的暴力，都需要处理一下。我们请一下代表。

•排列呈现
（引入爸爸代表、妈妈代表、案主代表）

赵中华：台上人跟着感觉移动。各位代表什么感觉？

爸爸代表：她（案主代表）一靠近，我就想退。

妈妈代表：我感觉我在这就很安全。

案主代表：我想靠近爸爸。

赵中华：很明显，其实你心里还是很想靠近父亲。你们三个人，爸爸妈妈的代表全部都是看向我这边，孩子看那边，所以三个人三个方向，也没有太多交集，关系也不是特别的亲密，距离有点远，你还是很想接近你的父亲，父亲有点想逃离的感觉。选一下你爷爷和奶奶的代表。

（引入爷爷代表、奶奶代表）

赵中华：跟着感觉移动一下，相互眼神交流。现在各位代表什么感觉？

爸爸代表：好像舒服一点。

妈妈代表：我感觉我站在旁边，我会安全一点。

案主代表：我觉得很伤心，我想靠近父亲，我想靠近所有人，但是我都没有办法靠近他们，我就很伤心。

爷爷代表：我一上来心里就很慌，不知道到哪里去。

赵中华：你个人感觉爷爷奶奶对儿媳妇满意吗？

案主：不满意。

赵中华：可以看得出来，他俩一上来，就看着儿媳妇。

案主：我爸爸还是想保护我妈妈的。

赵中华：爷爷奶奶好像对这个儿媳妇蛮有意见的。

案主：就是嫌弃。

赵中华：你什么感觉？

案主代表：感觉一直在抖，很害怕。

案主：爷爷奶奶也是非常重男轻女。

赵中华：（面对奶奶代表）你有什么话想对儿媳妇说吗？

奶奶代表：我没有太多的感觉。

赵中华：（面对爸爸代表）你有什么话想对你妻子

说吗?

爸爸代表:感觉不在这个系统里面。

赵中华:把外公、外婆的代表也请上来,看一下你们整个家族。

(引入外公代表、外婆代表)

赵中华:随着感觉移动。你跟外公之间怎么样?

案主:我外公对我一般,没有感觉对我比对别人更好(见图4-1)。

赵中华:你什么感觉?外公。

外公代表:想靠近她(外婆),这样舒服一些。

赵中华:外婆,你什么感觉?

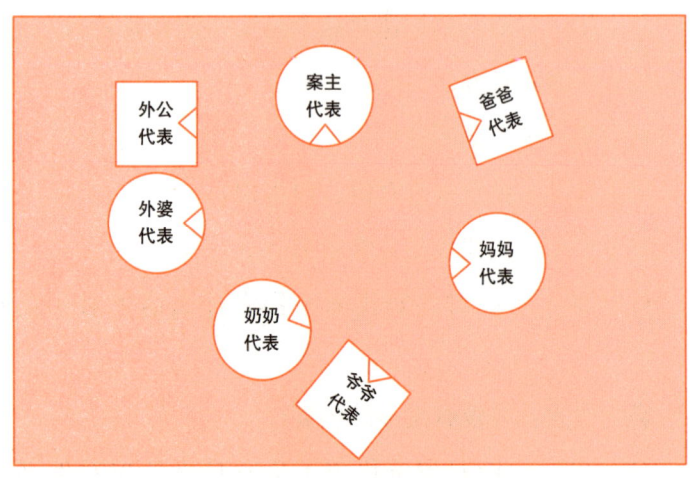

图4-1 各位代表排列呈现

外婆代表：我就想靠着他（外公），感觉舒服一点。

赵中华：你看到了吗？你爸爸身边没人，只有他一个人站在那里。所以你爸爸为什么会这么凶？为什么这么严肃？他整个成长过程中，没有人关心他、爱他，一个人自己都没有的东西，永远给不了别人，他自己没有得到爱，怎么给别人？你（爸爸）什么感觉，站那里？

爸爸代表：感觉不想靠近任何人，就这样就可以。

赵中华：你（案主代表）现在什么感觉？

案主代表：外公代表一走过来，我就想靠近外公。感觉突然踏实了，不恐惧了。

赵中华：你父亲去世时多大岁数？

案主：31岁。

赵中华：首先我能明显感觉到，你父亲是一个比较孤独的人，他很需要大家的爱，你外公和外婆的关系怎么样？

案主：我妈妈说外公和外婆是天生一对。

赵中华：很恩爱。你羡慕他们吗？

案主：有点。

赵中华：从小去外婆家多吗？

案主：不多。每年寒暑假时会去。我外婆和我妈近一些，我妈很听我外婆的，很孝顺。

赵中华：难怪她俩站一起了。跟着我一起说几句话。

老师带着案主一起说

外公，我很羡慕你们，你们是天生一对，我只能做我自己，我想回到我自己的系统，谢谢你们！外婆才属于你，你们才是天生一对，谢谢！

赵中华：给外公外婆鞠躬，放松，不能纠缠在爱里面而不退位。听完孙女说这些话，什么感觉？

外公代表：刚才她过来的时候，我感觉温暖了一下，说这句话的时候，关系近了一点，就这个感觉。

赵中华：你还要处理跟你父亲的关系，你小时候对他的仇恨是需要处理的。你（案主）现在来到父亲面前，请你回忆一下，你小时候跟你父亲在一起发生了什么？比如他打骂你，在什么时间，什么地点，如何让你特别难受。如果找到感觉就睁开眼睛。我相信你有些话想和父亲说的，今天给你个机会，表达一下。

案主：你为什么总打我？我也是你的女儿，你为什么生了弟弟之后就不要我了？你为什么不理我？为什么不看我？为什么动不动就打我？你为什么那么凶呢？

赵中华：继续表达。

案主：我恨你，我恨死你了！你打我，你就不痛吗？你打我，你就开心了吗？你有病痛，你怪我吗？又不是我造成的，你不知道我是一个孩子吗？我恨死你了，我没有办法原谅你，我原谅不了你。

赵中华：现在问题出现了，你问题在哪里？你不想原谅，问题在这里。来，继续表达。

案主：你打了我这么多年，你从来没有爱过我，从来没有关心过我，我都不知道我自己是怎么长大的，在别人童年里很骄傲有爸爸，我从来都不敢说"爸爸"两个字，我看到你就躲得远远的，我生怕你打我，生怕你骂我，生怕你凶我，我生怕别人说这个人是你爸爸，别人告诉我你爸爸来了，我都不敢见你，我都逃走、避开，我绕道而行，我恨死你了。从小我就不敢面对，别人说我爸爸，我就躲开，我从来不敢听到这两个字，这么多年，我从来都不知道爸爸的爱是什么，我从来不想要。你为什么要生我？要这样折磨我？

赵中华：还有想说的吗？

案主：我没有什么想说的，反正我就是恨他。

赵中华：那就说我恨你，说吧。

案主：我恨你！我恨你！我恨你！我恨死你了！你有本事不要当爸爸，不要这样子，我恨死你了，你没有资格。你有本事以前不要对我好，我恨死你了，你那么可恨！我非常非常恨你。

赵中华：好，你听完女儿这么讲，什么感觉？有什么话想对她说吗？

爸爸代表：女儿，对不起，以前是我错了，因为我也不知道怎么对你。

赵中华：在生命层面，你的生命来自他，在生活层面，他可能对你造成了很多伤害，同时，刚才这个排列已经看得很清楚，你爸爸一个人站在那里，没有爱人，没有父母，你的爸爸三十多岁就失去了生命。如果我们的孩子恨父母，如果不把这个东西放下，你自己的婚姻是有很大问题的，你会把恨投射到老公身上，讲清楚了吗？这里的问题没有解决，没事儿就吵老公、骂老公、说老公，把这种恨无形中转移过去。恨的背后是什么？是渴望，是需求，你说别的孩子都有童年，而你没有，相当于你的童年是缺失的，这是最大的关键。来，跟我说。

老师带着案主一起说

> 爸爸，我希望你能看看我，我希望你爱我，我希望你能关心我，我特别渴望你的关心，特别渴望你的爱。

你爸爸30多岁就失去生命了，很多人三十岁都还没开始，他都已经走了。你现在还有什么话想对爸爸说？

案主：爸爸，谢谢你给我的生命，爸爸我知道你一直支持我，谢谢你。

赵中华：现在愿意接受爸爸吗？还不愿意，是吧？你希望爸爸做什么，或者说什么话？你最希望爸爸说一句什么话？

案主：对不起，我伤害了你。

爸爸代表：女儿，对不起，我伤害了你。女儿，对不起，我伤害了你。

赵中华：再大一点声。

爸爸代表：女儿，对不起，我伤害了你。

案主：现在好很多，我感觉到他在我4岁的时候，对我的那份关心了。

赵中华：那是不是在生命层面要感谢他？

案主：爸爸，谢谢你给我生命。

赵中华：给他鞠躬。来，和爸爸拥抱一下。现在你回忆一下你小时候，最渴望父亲拥抱的时候，你是一个不容易的孩子。9岁就没有了父亲，然后经历了这么多波折，经历了这么多难过走到今天，你很善良，你今天选择了放下，想要放下这份仇恨是不容易的，是需要力量的，有的人一辈子都不愿意放下，但你今天愿意放下，愿意重新接纳，愿意让自己的心扉打开，你能坚强地活到今天，你是多么有力量。

同时，你爸爸也是不容易的人，你的妈妈也为了这个家付出了很多，去感受一下，把你这颗冰冷的心重新融化。这个亲子中断还有一份恐惧在里面,你需要爱。

案主:谢谢你,爸爸,我爱你。

赵中华:祝福你越来越好。

案主:可能就是想要一种态度,一直找不到这种态度,也找不到这种寄托,内心还是爱父亲的,但是深处的恨还是没有剥离掉,今天感觉爸爸是很不容易,我不应该恨。

赵中华:已经放下了吧?

案主:放下了。

赵中华:给你布置一个作业,去祭奠一下你父亲。

案主:好。谢谢老师!

赵中华点评

对父母的仇恨,有时就是渴望几句话,引导他说出来就好了,她心里一直渴望这个东西。如果不愿意往前走,就看不见未来,一定要在心里放下仇恨,才能开始幸福的生活。

从父母感情纠葛中退出，才能开启自己的幸福人生

> 案主：女士，35岁，希望获得幸福。

赵中华：你今天做什么主题？

案主：我想自己走出原生家庭给我带来的影响，获得让自己幸福的能力。

赵中华：你是指什么样的影响？

案主：我觉得父母不好，我幸福不了，因为他们一直争吵，很影响我。

赵中华：对你的影响是指什么呢？可以说具体一点吗？比如说影响你和老公的关系。

案主：我离婚了。

赵中华：你现在有再婚吗？

案主：没有。

赵中华：离婚多久了？

案主：2021年。

赵中华：结婚多长时间？

案主：7年。

赵中华：这感情时间也不短了，7年婚姻，在一起相处了7年。你说你的原生家庭对你有一些影响，包括你对你的前夫也有影响，你想从这种原生家庭走出来，你的目标到底是什么呢？

案主：因为父母2020年离婚了，但还在一起住，相处很痛苦。看到父母这样子，我觉得蛮受影响的。

赵中华：影响是指什么？

案主：比如我妈经常给我打电话，想让我爸爸出去住，但是她自己也不知道怎么做。

赵中华：聊聊你的爸爸，在你印象中，你爸爸是一个什么样的人？

案主：不负责任，出轨，自私。

赵中华：你为什么觉得他自私？

案主：他为了自己抛下妻子。

赵中华：你妈妈是什么样的人？

案主：妈妈是善良、强势、勤奋又好强。

赵中华：他们俩吵架的时候，你一般帮谁多一点？

案主：我一般不讲什么，但私底下肯定帮我妈多一点。

赵中华：你从小都是跟父母一起长大吗？

案主：嗯。

赵中华：你们家就你一个吗？

案主：还有一个哥哥。

赵中华：你的目标是想从原生家庭走出来，不在他们这里面纠缠对吗？

案主：嗯。希望大家都过得很好，我妈妈现在就是挺抑郁的，如果我们都不帮她处理她和我爸爸的事，她就活不久。

赵中华：她要谁去处理？

案主：我和我哥哥。

赵中华：你爸爸现在住在家里面，又不出去，他是什么意思呢？

案主：可能他自己知道老了还是要靠我们的，如果他生病，他只会找我。

赵中华：他现在还跟他其他女人在一起吗？

案主：和其他女人在外面租的房子，但也经常回我妈这里住，我妈拿他没办法，我妈就希望我和我哥把他赶走。

赵中华：所以这个事对你影响很大，是吧？方便说一下你跟你老公是怎么离婚的吗？

案主：主要是因为我父母这个事引起的。

赵中华：你觉得你的童年快乐吗？

案主：不快乐。我很小就受父母影响，他们一直争吵，我很羡慕那些父母感情很好的家庭。

赵中华：爸爸妈妈经常表扬你吗？

案主：没有。

赵中华：你更渴望得到爸爸的鼓励，还是妈妈的鼓励？

案主：妈妈。

赵中华：我们来排列一下，请一下代表。

•排列呈现
（引入爸爸代表、妈妈代表、老公代表）

赵中华：凭着感觉移动。大家什么感觉？

爸爸代表：很陌生。

案主：感觉爸爸有点不喜欢我。

爸爸代表：我也不喜欢。

赵中华：你的爸爸和妈妈站的距离很远，也证实了你讲的话，他们俩的关系确实有点疏远，但我留意到你的爸爸一上来就盯着你的妈妈，能看出你的爸爸对妈妈还是有爱的。现在选一个你的代表和你哥哥的代表。

（引入案主代表、哥哥代表）

赵中华：现在跟着感觉移动。大家现在什么感觉？

妈妈代表：想得到呵护（见图4-2）。

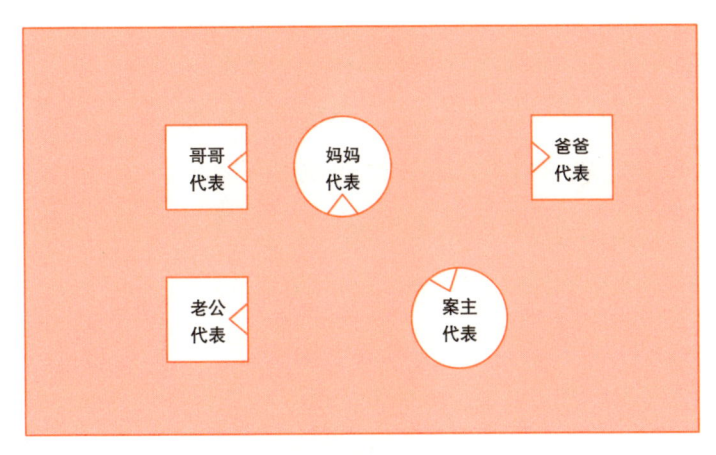

图4-2 各位代表排列呈现

赵中华：妈妈一直渴望想得到爸爸的呵护。

爸爸代表：挺融洽的。

案主代表：其实很想跟爸爸靠近，站在他旁边。

哥哥代表：有点距离感。

赵中华：你感觉在这个家，现在什么感觉？他们三个站在一起。

爸爸代表：格格不入。我觉得我心有余而力不足。

妈妈代表：我想靠在儿子身边。

哥哥代表：两个人找过来的时候，感觉这个家又开始复原了。

案主：为什么把关系处理成这个样子，让我觉得很为难，我靠哪边都不行，我找不到在这个家里我的位置应该在哪里，我只敢站中间。

赵中华：爸爸有什么话想对女儿说吗？

爸爸代表：想说的太多，不知道怎么说。

赵中华：跟着感觉来，你想说什么都行。

爸爸代表：其实我也想努力让这个家庭完整，但有一种力不从心的感觉。

赵中华：你有什么话想对爸爸说吗？

案主：我自己过得很痛苦，没精力去感受你们的感受。

赵中华：他们现在站的位置刚好是一个三角形，三个人在争位置。但现在我还不能断定谁在争谁的位置。

我们来说两句话，感受一下。

看着妈妈说，妈妈，我想做你的爱人。

再看着爸爸说，爸爸，我想做你的爱人。

你个人觉得哪个偏多一点？

案主：妈妈偏多一点。

赵中华：你想做妈妈的爱人。看着妈妈的眼睛跟我一起说：妈妈，我觉得爸爸做得不合格。我来做吧。

妈妈代表：我也能接受。因为你爸爸已经背叛了我，所以我心里只有女儿和儿子。

赵中华：爸爸看着女儿的眼睛，感受一下，跟我说。

> **老师带着爸爸代表一起说**
>
> 妈妈是我的，你没有资格，也没有权利。站我这个位置，你做不到，你只能做回你自己，你没办法做我。

赵中华：听完这些，你现在的感觉怎么样？

案主：我在想，为什么会是这样。

赵中华：像这种关系，你说你想做妈妈的爱人，等于你想做爸爸，你只有从爸爸这个身份抽离出来，才能找到自己的幸福，这个在系统排列中叫身份错位。

再来一遍，请跟着我说。

> **老师带着爸爸代表一起说**
>
> 你没资格，你也做不到。你只能做女儿，女儿没办法站我这个位置，妈妈是我的。

赵中华：所以你的婚姻为什么会出现问题，和这个有一定的关系。你其实一直很爱妈妈，特别渴望妈妈的爱，看到妈妈不容易，你就要去拯救妈妈。现在你要从爸爸的位置退出来,看着妈妈,跟着我说。

老师带着案主一起说

妈妈,我知道你不容易,我也想救你,甚至用我婚姻的不幸福来救你。但是我发现,我真的做不到,我好累。妈妈,我只能做女儿,我只能以一个女儿的身份来爱你。我对你的爱,从来没有变过,同时我只能以女儿的身份来爱你。

赵中华:妈妈看着女儿的眼睛对她说。

老师带着妈妈代表一起说

女儿,你做回你自己吧,妈妈过得很累,那也是妈妈的命。你救不了我,那是我的人生,爸爸是我心甘情愿选的。女儿,谢谢你!你的幸福才是我最希望看到的。你对我的爱,我已经感受到了,没必要用那个隐藏的忠诚来证明你的爱。女儿,你做回你自己吧,妈妈爱你!

老师带着案主一起说

> 妈妈，从今天开始，我决定退出来，我要做我自己，我有资格幸福，我有能力幸福。妈妈，我可以幸福吗？我有资格快乐吗？谢谢你，妈妈。

妈妈代表：你一定会幸福的。你有资格。

赵中华：给妈妈一个拥抱，闭上眼睛去感受一下妈妈的爱。这个女儿真的很爱妈妈，用老公的背叛，来表达对父母的忠诚，这是隐藏的忠诚。今天我要告诉你，要换另外的方式来爱父母，其实你对父母最大的爱就是让自己活得幸福，让你的家族开始幸福的传承，这样的爱才是真正的爱。妈妈，请跟着我说。

老师带着妈妈代表一起说

> 女儿，你做自己吧，我不需要你来救了，我的人生我做主，我的人生我选择。谢谢你让我当了回妈妈。

赵中华：看着爸爸，有什么话想对爸爸说吗？

案主：其实我觉得你也不容易，但是为什么要这样子？

赵中华：来，跟我说，

老师带着案主一起说

> 爸爸，你为什么找小三，为什么这么自私？为什么不顾我们这个家？你知道吗？在有些事上，我是恨你的，你背叛了妈妈，背叛了这个家。

赵中华：你听到女儿这么说，你有什么感觉？

爸爸代表：心里很内疚。

赵中华：跟我一起说。

老师带着爸爸代表一起说

> 我很内疚，女儿，我对不起你，我也对不起这个家，但我也需要爱。爸爸从小缺乏母爱，爸爸需要有人爱我，但我没有得到爱。所以，女儿，对不起，在有些事上，我不是个称职的父亲，甚至伤害了你，现在我想跟你说一句对不起，请你原谅。无论怎样，爸爸爱你的心没有变，你永远是我的女儿；无论发生什么，爸爸永远爱你，谢谢你！

赵中华：听完这些，你有什么想对爸爸说的？

案主：很假。我觉得你很虚伪。你是这么说的，但你不是这么做的。希望你对妈妈好一点。

> **老师带着爸爸代表一起说**
>
> 我和妈妈的关系,是我和妈妈的事。女儿,这个事你真的没资格管。谢谢你!我和你妈妈的相处,你知道我这么多年是怎么过来的吗?我有多么缺爱,你是不知道的。有些事没让你看到,不代表不存在,我有我的难处,我有我的人生,你想代替我的位置,你做不到,你没资格。

赵中华:你看一个女儿有多爱父母,她总想把他们拉拢,如果你不从这种三角关系里挣脱出来,你是很难开启你后面的婚姻生活。知道吗?你爸爸找小三,这个行为是不对的,那是他的人生,你是女儿,对这个行为不认同,但要接受他这个生命。如果你不接受他这个生命,有些东西就化解不了。

我希望你能看到,如果爱是一种操控的话,是很痛苦的,你还有什么话想说?

案主:那你们倒是过好啊。

爸爸代表:过不好,跟你妈妈的感情合不来,你妈妈太过强势了,我俩格格不入。

案主:那就好好分开啊。

赵中华:你为什么不分,你说一下。

爸爸代表:但是我舍不得你们。

案主：没看出来，你为了你自己。

赵中华：这就是典型的不愿意退出。我们做排列只能把真相摆给她看，没办法去操控，至于你怎么选择，是你的事，我没有办法帮你做选择。还有什么话想说？

爸爸代表：其实我们之间的事真的不要你管，管好你自己就可以了，我觉得我这样也挺好的。

案主：你是挺好的，但是我妈妈很痛苦啊。

赵中华：看着女儿说，

老师带着妈妈代表一起说

我的痛苦和你无关，那是我的痛苦，你想做我吗？那是我的痛苦，同时那也是我的人生。

赵中华：你不是问老师如何从纠结中出来吗？现在就看你自己什么时候愿意退出来。父母的人生是他们俩自己选择的。最后做个调整，跟着我说。

老师带着案主一起说

爸爸妈妈，我长大了，我要走了，我要去开始我的家庭了，开启我的人生了。谢谢你们，你们的人生，你们的婚姻，我救不了，我也没那个资格救，对不起，我做不到。

赵中华：来给他们鞠个躬，放松，你很善良，为了父母牺牲了自己。别想做爸爸了，这个做不到。你要从他们的关系里出来，你的未来才能幸福，你真的拯救不了父母的幸福，那是他们的人生。你走出来之后，未来的幸福、快乐、成功都会属于你。老师祝福你，一定会好起来的。

赵中华点评

> 拯救者不可能成功！作为孩子操控不了父母的婚姻，那是父母的人生；作为孩子对父母最好的回报就是让自己幸福，而不是拯救父母的婚姻。

如何消除和父母的隔阂？

> **案主**：女士，30多岁，希望改善和父母的关系。

赵中华：你今天想做什么主题？

案主：和父母的关系。

赵中华：那你希望跟父母的关系达到一个什么样的目标？

案主：我觉得我现在和他们是有隔阂的。虽然他们有什么事情我会很紧张，也很爱他们。但是如果近距离接触，我就会有压力，我就想逃避，不想和他们在一起，特别是我妈妈。

赵中华：是什么感觉？

案主：有点抗拒她，不太亲，甚至不太愿意接近她，不愿意拥抱她。

赵中华：你理想中的状态是什么样子？

案主：我理想中的状态是我有什么心事愿意和妈妈说，有高兴的事第一时间和妈妈分享，但是我不论是高兴的事还是难过的事我都不愿意和她说。

赵中华：聊聊爸爸。

案主：爸爸在我心目中，从小他就不重视我，他不喜欢我，他把所有的爱都给了我弟弟。我刚出生没多久，我晚上哭，他就很烦，所以我妈晚上会抱着我睡，因为我爸经常踢我，感觉要把恨全部发泄在我身上。

赵中华：你为什么觉得你爸爸有恨？

案主：他不喜欢女孩。我弟弟出生之后，他很喜欢我弟弟，所有好的东西都留给他。每次只要我弟弟一哭，他就觉得是我的错。所以那时候我很恨他。我小时候，我妈和我爸吵完架，就会把怨气撒到我身上，我妈觉得因为我才导致他们两个人吵架，他们俩吵架把家里能砸的都砸了，场面很恐怖，现在想起来我都觉得很害怕。

赵中华：现在你跟你老公关系也是比较恶劣？

案主：原先很恶劣，现在好一些了。

赵中华：还有什么事对你影响比较严重？

案主：我上小学时，要带炭火去学校取暖，我弟弟拿漂亮的红色炭火箱,而我却拿一个被老鼠啃烂的炭火箱。我就想要那一个红色的,我爸爸就不肯,我把那火箱往田里面一扔,他就跑过来打了我一个耳光。我当时就在想,既然你们那么喜欢弟弟,当初为什么要生我呢?我就很恨他。

赵中华:还有什么事吗?

案主:我上初三时,爸爸说你不要上学了,女孩子读那么多书也没用,家里本身条件不好,你弟弟也要读书。我当时考上幼师,我爸爸说学出来也是去幼儿园当老师,没必要去学了。当时我很生气。

赵中华:我们来排列一下,请一下代表。

•排列呈现
(引入爸爸代表、妈妈代表、案主代表、弟弟代表)

赵中华:跟着感觉移动。看得出你很渴望妈妈,妈妈关心弟弟,爸爸好像事不关己的样子。

案主代表:我很害怕,也想找妈妈,但是妈妈走到弟弟那边了。

爸爸代表:我还是想跟女儿在一起。

妈妈代表:我就是想靠近儿子,只要女儿出现在我旁边,我就很不舒服,我恨不得要去打她。

弟弟代表：没感觉。

赵中华：小时候你和妈妈之间发生什么事？

案主：小时候妈妈对我还好，没什么感觉。

赵中华：那我引导你讲几句话。

老师带着案主一起说

> 妈妈，我有资格来到这个世界吗？那你为什么这么讨厌我？那难道我不是你的孩子吗？

妈妈代表：我之前喜欢你，有了弟弟之后，我没有这么多精力照顾你，我只能把爱送给弟弟。请你远离我，请你不要出现在我面前。不要烦我了。

赵中华：我们看看你妈妈的原生家庭。

（引入外公代表、外婆代表）

赵中华：跟着感觉移动。

外公代表：我觉得和老婆的距离好远（见图4-3）。

外婆代表：我现在没有考虑老公的感受，只想看着女儿。

母亲代表：我要靠近妈妈，同时我还要看着对面的儿子，我两边都牵挂。

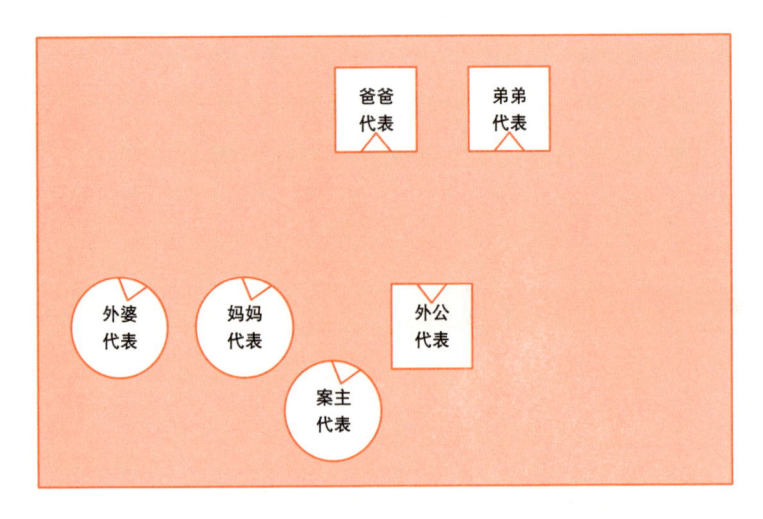

图4-3　各位代表排列呈现

父亲代表：当外公外婆一上来的时候，我心里有点发慌，女儿和老婆全部跑那边去了，其实我好希望女儿能够跟我近一点，但是她始终站在我看不到的地方。

母亲代表：外公外婆一上来的时候，我就全身感觉很冷，看到了儿子会有安全感，但是我的手这边全部都是麻的。

赵中华：你外公外婆对你妈妈怎么样？

案主：我听妈妈讲，她小时候我外公打她特别多，对她很凶。因为我妈是大女儿，所以我外婆让她做所有的家务活。

外婆代表：我一上来我心里就觉得我女儿好可怜，我想保护她。

妈妈代表：我感觉我好像没有妈妈。

赵中华：你妈妈从小被你外公打，所以她心中有情绪，然后她把这个情绪给了你。妈妈代表请跟着老师说。

老师带着妈妈代表一起说

> 爸爸，你对我动手，我恨你。我有一份很大的情绪，没有发泄出来，现在我把这份情绪给了我的女儿，她是无辜的，对不起！女儿，我也不懂得怎么爱你。

赵中华：你听妈妈说这些话什么感觉？你跟着老师说。

老师带着案主一起说

> 妈妈，你给我生命，我很谢谢你，现在我也是妈妈，我都不知道如何爱我的女儿。

赵中华：家族的问题没有解决，就会一代一代传下来。你妈妈肯定受的委屈比你还多。

妈妈代表：其实妈妈很爱你，对不起。

爸爸代表：爸爸也是很爱你的。对不起，女儿。

赵中华：你现在什么感觉？

案主：其实我已经原谅她了，我知道她小时候受过很多苦。有时我想拥抱她，但她每次都用语言伤害我。

赵中华：你希望你妈妈怎样肯定你？

案主：我希望她说，女儿，你是最棒的，你是最好的，你在我心目中和弟弟同样重要。

妈妈代表：女儿，你是最棒的，你是最好的，你在我心目中和弟弟同样重要。

赵中华：和妈妈拥抱一下，感受一下妈妈的爱。

案主：我很爱你（大哭）。

赵中华：如果你不接受你妈妈的爱，你将永远无法获得她的爱。不要去想对错，她有资格去爱弟弟，你没办法去管。人最大的痛苦就是有比皆苦，你总是拿你跟你弟弟比，你永远都会痛苦，所以你妈妈选择爱弟弟，那是她的事，你做女儿的无权去干涉，父母如何爱你的兄弟姐妹，你是没办法去管的。你只要去看见你的妈妈曾经对你的好。爸爸妈妈是长辈，我没资格去评判。如果这个点你不打通，你再和自己较真，那就等于自己给自己画圈，把自己关在里面去。你要看到你得到的，如果看不到自己得到的，而总是关注自己失去的，这个就痛苦了，所以痛苦来自你自己。既然她不鼓励你，你就去鼓励她，你只有喂饱对方，对方才会喂饱你。给你布置个作业。每天鼓励自己十遍，每天也鼓励一下父母：妈妈你今天辛苦了，妈妈你今天累了！从你这里开始改变，连续21天。你要看到过去你所有的痛苦来自你的这个问题。

案主：谢谢！

赵中华点评

和妈妈的关系决定爱与被爱，当一个人不能爱自己时，也不可能去爱别人，和妈妈有很大关系。什么是成长？成长就是改变自己，拿自己开刀就是有力量，任何改变都是从改变自己开始，改变自己很不舒服，让自己先给父母爱，一定会改变和父母的关系，做不愿意做的事叫改变，做没做过的事情叫突破。

我和父亲的关系不好，如何缓解呢？

> **案主**：女士，40多岁，希望改善和父亲的关系。

赵中华：你今天的主题是什么？

案主：改善和父亲的关系。

赵中华：跟父亲的关系怎么了？

案主：我爸爸经常发脾气，他和我弟弟经常闹矛盾，我弟弟找我，让我处理这事。我很不想做这个事情，压力很大，而且特别反感，烦我弟弟，我弟弟动不动就是要死要活的。

赵中华：就是说你弟弟、你爸爸和你之间，这种三角形关系挺纠缠的，你想解脱出来。

案主：是的。

赵中华：聊聊你的爸爸。

案主：我爸爸今年68岁，妈妈59岁就走了。爸爸非常善良、勤劳、能吃苦，非常上进，只是没有主见，胆子很小，以前杀鱼都不敢杀，都是我妈妈做杀生的事情。

赵中华：我听你这么一讲，你爸爸好像还挺不错的，勤劳、上进、善良、热情，还仁爱。

案主：我感觉爸爸还可以，就是觉得现在很唠叨，抱怨多，可能受外面的影响，有点负面的情绪，反正你跟他说不上话。

赵中华：你小时候和爸爸的关系怎么样？

案主：我爸爸从小到大没有给我买过衣服，我很渴望爸爸的爱，渴望爸爸的拥抱，那时候几乎没有。

赵中华：你觉得他把拥抱和爱给了谁呢？

案主：他没有，他不会给我们。

赵中华：弟弟呢？

案主：也不会给。

赵中华：有点冷漠吗？

案主：可以这么讲。

赵中华：爷爷奶奶呢？

案主：爷爷奶奶很凶。因为在我四五岁的时候，我奶奶拿锄头要把我妈妈打死，我爷爷拿那个竹竿戳我们家的瓦片，现在他们都去世了。

赵中华：他们是做什么的？

案主：农民。

赵中华：你爸爸是建筑工人，对吗？

案主：对，泥瓦匠。

赵中华：你觉得跟父亲关系不好的原因是什么？

案主：我十几岁的时候遇到一件不太好的事情，被人侵犯，导致自己不愿意跟男生说话，包括看我爸爸不顺眼，看到他就恨死他，恨不得杀了他的感觉。

赵中华：你这种想杀人的想法有多久？

案主：有四五年了。

案主：我恨父母没有保护我，我感受不到家庭的温暖。

赵中华：你妈妈呢？简单聊一下。

案主：我妈脾气暴躁，人是善良上进的，能吃苦，抽烟，喜欢帮助别人。我弟弟经常被我爸妈说，说我弟弟是个没用的东西，不争气，说我弟弟护着我。

赵中华：在父母里面，你最渴望接受父亲还是最希望接受母亲？

案主：父亲。

赵中华：你觉得为什么不能接受他呢？原因在哪里？有恨吗？

案主：对。

赵中华：你要把对你爸爸的恨宣泄出来。我们来排列一下，请一下代表。

•排列呈现
（引入案主代表、爸爸代表、妈妈代表）

赵中华：随着感觉移动，你跟你妈关系怎么样？

案主：我总是跟着我妈妈。

赵中华：你爸好像有点木讷。

案主：我爸就是这样的，连话都不说，有时候我恨的不行。

赵中华：爸爸什么感觉？

父亲代表：我感觉我不喜欢当她爸爸。

母亲代表：只要女儿不跟着我就行了。

案主代表：我想靠近爸爸，但是他躲我，我心里很着急。

案主：生活当中就这样，我15岁了，我妈妈都不放心。我30岁去外面打工，我妈妈不放心，怕我遇到传销的人，总给我打电话。

赵中华：看了一下你们的家庭关系图，也是一个小三角，相对比较疏远，你跟父母的关系不是那么亲密。你说你恨你父亲，最恨的是13岁那件事吗？

案主：不是，最恨的是我在前夫家里，我前夫的爸爸当着我爸的面说要打我，我爸爸一句话都没说，我真的好恨他，我心里想你还是不是我爸？为什么不帮我说话？我已经在那里委屈那么多年了。

赵中华：你对你前夫的爸爸有恨吗？

案主：有，但是我全部释怀了。去年他临终前我去看了他，他没想到我会去看他。然后我摸着他的手说，爸爸，虽然已经离婚了，但如果你需要我，我一定会帮助你的。他走的时候还是蛮安详的，我对他没有恨了。

赵中华：这个是关键人物，把前夫的爸爸请出来。

（引入前夫爸爸代表）

赵中华：随着感觉移动一下（见图4-4）。

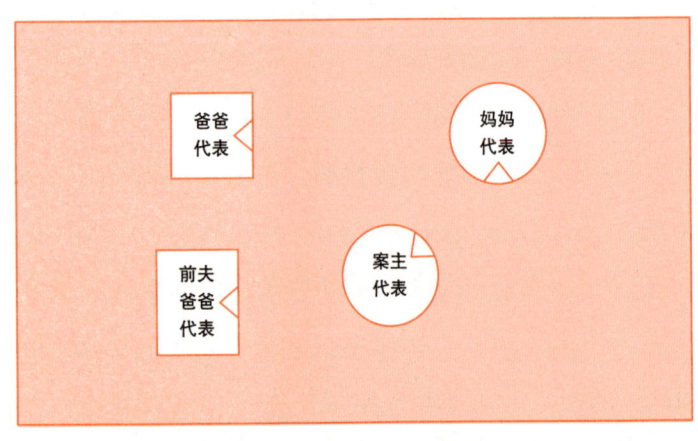

图4-4　各位代表排列呈现

前夫爸爸代表：如果今天你爸没在这里的话，我真打你一顿。

赵中华：你现在什么感受？

案主：很愤怒。

赵中华：他现在已经不在这个世界上了，可是这个事还留在你的心中。如果你要表达你的愤怒，你想用哪些话？比如说我恨你，我讨厌你。想用哪句话？

案主：我讨厌你，我很恨你，我结婚当天你在家里闹事，家里所有事情都是我在做。

赵中华：你用手把这个人推出你的世界，一边推一边说刚才这句话，你要把这个人从你的心里移除。

案主：（一边推一边说）我在你们家那么多年，你们说我是一只不会下蛋的鸡，家里所有的事情都是我在做，我没日没夜地做，你们问过我的感受吗？我恨死你了，你以为你是个处级干部了不起啊，儿子这个样子，你老婆也死了，凭什么。

赵中华：他已经离开这个世界了，现在他从你的世界里彻底走出去了，你再也看不到他了。

案主：谢谢你来过我的世界，让我有成长，我会感恩地走下去。

赵中华：现在来到你爸爸这里，那个已经消失了，这就是真正的完结。有些事你不完结它，它就会永远留在你的心里，永远在那里打结，反复纠缠。

现在对于这个事，你有什么话想对爸爸说？

案主：爸爸，你怎么一句话也不说，你女儿也是人，这么多年你说一句话啊，我就那么不值钱吗？我做牛做马，我也希望你们过好一点，你怎么一句话不说，你说句话啊，为什么每次都不说一句话。我恨你，我真的恨你。你要是说句话，我心里会舒服些，我恨死你了，我真的恨死你了，你说句话啊！

父亲代表：女儿，我对不起你，没有帮你出头，没有帮你承担这个事情。

案主：你好假，你好虚伪，你不敢面对真实的我们，我更恨你。

赵中华：你最希望你爸爸说什么话？你最渴望他说什么话？

案主：女儿你辛苦了，我希望你过得幸福。

父亲代表：女儿，你辛苦了，我希望你过得幸福。

赵中华：好一些吗？

案主：好一点了。经常就说一句：既来之则安之。我很讨厌这句话，我没有自由。

赵中华：你爷爷奶奶很凶，所以你爸爸胆小，所以他不能为你说话，他是在这种环境下长大，不是不愿意爱你，是你爸爸爱不出来。你现在只有把恨放下，才能重新开始，你现在把他杀了，他也回不到那一天了。你的爸爸是爱你的，想让你好，他也许爱的方式是你不能接受的，但他对你的爱没有改变过。

老师带着爸爸代表一起说

> 女儿我爱你，也许我爱你的方式，对你有些伤害，但我爱你的心从来没有改变。女儿，我真的很爱你，我来到这个世界上，我受了很多的委屈，也受了很多伤害，我也是一个缺爱的人，我也希望有人来爱我。女儿，谢谢你，我能做的都已经做了，感谢你，在我心中你是最重要的，你是我的宝贝女儿，我最在乎的就是你，女儿，我爱你！

赵中华：愿意跟爸爸拥抱吗？只有放下恨，才能重新开始，去感受一下父母的怀抱。

案主：其实这个事情已经很多年了，我一直都没放下，通过老师做这个排列之后，他从我系统中走出去的时候，我心中才有一种舒适，真正放下了，原谅对方了，虽然我前夫的爸爸在去年的时候我去见了他，但他还是没有走出我的系统，刚刚老师让我做的时候，我真正感受到跟他分开了，这个点我觉得很重要。

通过刚刚跟爸爸链接的过程中，我一直觉得我爸爸是麻木的，不会表达爱，特别是我拥抱的时候，他从来不会把手打开，我说爸爸你能不能抱我一下，他基本上不会。我每次回去跟他说拥抱一下，说我爱你这样的话，因为我知道他很麻木，我觉得系统的安排真的好神奇。

赵中华：给你布置个任务，第一，找个时间、找个机会，跟你爱人一起放两三天假，你们找个地方去玩一玩，度个蜜月。第二，为爸爸做一顿饭吧，然后陪他说说话，不抱怨不指责，再买点礼物给他。可以吗？

案主：没问题，谢谢老师。

赵中华点评

我们经常会觉得父母不爱自己，也许一生都会带着某种伤痛，但我们一定要看到父母不爱自己的背后隐藏着什么原因，我们会发现父母的成长环境也是有各种不容易，从而导致他们缺乏爱的能力。学会理解父母，才能真正走出心理阴霾，放下仇恨才能迎来幸福。

抚平童年创伤，才能感受爱

> 案主：女士，50岁，希望解决感情问题。

赵中华：今天做什么主题？

案主：我的感情总是出现问题。要么不谈恋爱，一谈就是三角关系。我27岁结婚，48岁离婚。

赵中华：说一下你的前夫。

案主：他没有野心，也没有什么欲望。我们的婚姻就像两个人爬楼梯一样，他一直在1楼，我已经爬到了18楼。所以在18楼的时候，我就又遇见一个心仪的人。

赵中华：那个外遇也没和你在一起，是吧？

案主：在一起几年，后来分开了。

赵中华：聊聊你的父亲。

案主：我的父亲是一个军人，78岁了，他比较严厉、固执。他会按军人的标准要求我们，犯了错就要体罚，罚站，一站站几个小时，甚至一晚上。

赵中华：当时你多大？

案主：从小时候一直到十六七岁。

赵中华：你后来有反抗吗？

案主：我从小学到中学一直叛逆。甚至小的时候有过自杀的念头。我性格内向，很渴望父爱。我找对象喜欢比较外向、开朗活泼的。

赵中华：你父亲是有点内向，对吗？

案主：对，说话不多，不是外向型的，没有太多的沟通。我妈妈是外向型的，脾气不好。

赵中华：你觉得你更像妈妈还是更像爸爸。

案主：更像妈妈，脾气大，唠叨，控制欲比较强。

赵中华：你父母吵架一般是谁占上风多一点？

案主：妈妈占上风多些，我爸顺着我妈。

赵中华：他顺着你妈妈，却要罚你和你妹妹？

案主：因为以前爸爸在北方当兵，我妈妈在家里照顾我们三个孩子。

赵中华：你还有亲子中断？

案主：我4岁前爸爸都不在家，4～12岁我们一直在爸爸所在的部队生活。

赵中华：你和前夫在一起的时候，你们俩有矛盾吗？

案主：我们的矛盾就是两个人不在一个频道，他是那种比较安逸的人。

赵中华：有吵架吗？

案主：和我父母一样，我们吵架也是我比较强势。

赵中华：你们俩有发生肢体冲突吗？

案主：刚刚生完我女儿时有过。

赵中华：体罚对孩子心理影响很大，压抑了很多年，成年后就会爆发，导致婚姻不幸福，现在需要把你的恨发泄出来。我们来排列一下，请一下代表。

•排列呈现
（引入爸爸代表、妈妈代表、案主代表、弟弟代表）

赵中华：跟着感觉移动。看看你的妈妈确实挺关注弟弟，一直看你弟弟，而你就是有点想得到爱（见图4-5）。

你闭上眼睛。连接一下小时候，从4岁开始你被体罚。你回忆一下，你都有一些什么样的惩罚？把这种情绪调出来。难道就因为你是姐姐，就要承受这么多不应该承受的吗？你先找到感觉，你可以说出来，你不处理好跟你爸爸的关系，你就永远都不会接纳男人，任何人都进不了你的

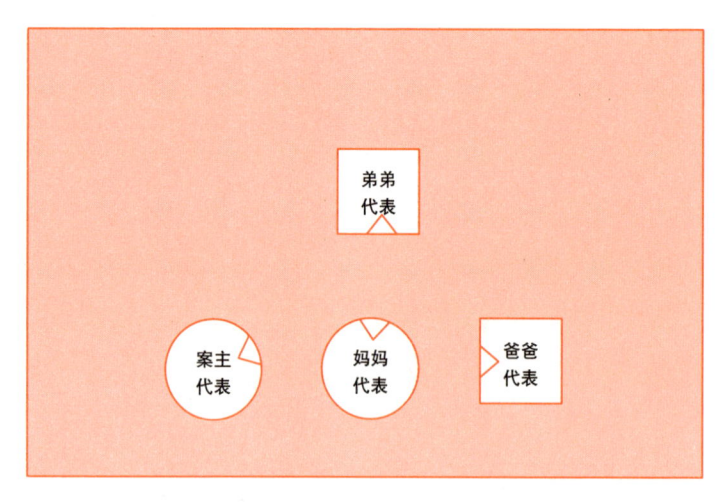

图4-5 各位代表排列呈现

心里。你别说跟他在一起结婚20年,就是50年,也是跟他只是搭伙过日子,无法走进男人的内心。请你跟着我说。

老师带着案主一起说

> 爸爸,我很怕你。小时候你对我进行了很多的批评,在我心里,我恨你。

案主:爸爸这么多年,我真的是很恨你。我觉得我小的时候,我真的需要爱、需要拥抱、需要笑容。你太严厉了,我不喜欢你,我恨你!

赵中华:抱着这个枕头。把爸爸对你的每一件伤害都放到这个枕头里。你问我如何修复夫妻感情,就从这里开始。这个地方你不解决,其他都是假象。因为你会把这个情绪给你老公。你老公就会变成你爸,你会经常对你老公发火。你为什么对他发火?因为你在享受情绪。如果你把全部伤害都放到枕头里了,你就睁开眼睛了。把这个枕头用力摔出去,一边摔一边说,我恨你,我讨厌你。

案主:现在感觉好一些了。

赵中华:没有完美的父母。你说这些话不代表不爱父母,只是对过去的事做一个了结。

老师带着爸爸代表一起说

女儿我做了一些事对你有一点伤害,跟你说一句对不起,请你原谅。我是家里的老小,所以我继承了家里的希望。对你要求那么高,是我爱你的错误表达。

老师带着案主一起说

爸爸,我也爱你,谢谢你。现在我把对你的恨也放下了很多很多,接下来我会以女儿的身份爱你,谢谢你!

> **老师带着案主一起说**
>
> 妈妈,这么多年你们都不相信我。我一直像一个男孩子一样,都是自己在打拼。但我现在渐渐地放下了,现在我想要我自己的幸福。谢谢你们的培养,谢谢你!

赵中华:拥抱爸爸妈妈,你要理解和感受父母的爱。把自己的感觉表达出来。你养过宠物吗?

案主:我不喜欢,我喜欢养花。

赵中华:我建议你尝试养动物。不管是鱼也好,小狗也好,小猫也好,都可以。

案主:好,谢谢老师!

赵中华点评

我们所有的心理困惑其中一个原因是来自童年的创伤。体罚对孩子的伤害很大,让孩子感觉犯了错后,只要被惩罚了,才能把错误抵消。成人后就会出现一种人格,喜欢被别人虐待,因为他觉得惩罚代表爱,被惩罚心就安了。只要被惩罚了就说明我没有错了,没有人惩罚他,他就会自虐。一定要把童年的愤怒发泄出来,才能抚平童年的创伤。

第五章

亲子关系：
尊重孩子而不是操控孩子

CHAPTER 05

当父母梦想破灭时，就是孩子噩梦的开始，因为父母要操控孩子，让孩子替自己实现梦想。有了尊重才有爱，即便不认同孩子的观点，也要允许孩子有自己生存的空间。父母首先是改变自己，才能影响孩子。

和孩子沟通不畅,是爱的方式出了问题

> **案主:** 男士,50岁,希望改善亲子关系。

赵中华:你做什么主题?

案主:亲子关系。

赵中华:你目前亲子关系出现什么问题了?

案主:沟通不是很顺畅,比如说想跟她交交心,她总是会拒绝。

赵中华:多大了?

案主:今年22岁,是个女儿。

赵中华:那请问你和她之间发生了什么?

案主:我是比较严厉的,我打过她,打过四五次,有

一次打得特别厉害了,因为她不尊敬她妈妈,所以我就把她关到房间里打。

赵中华:当时她多大?

案主:12岁,我说不能这样对妈妈,然后她顶嘴,我就打她了。

赵中华:打了多久?

案主:有一二十分钟吧。

赵中华:还有什么时候打过她?

案主:最后一次就是她高中毕业的时候,也是我觉得她对长辈不尊敬,又打了她。

赵中华:现在孩子是什么状况呢?

案主:这两个月我主动改变了,所以沟通比以前要好。

赵中华:希望我帮你改善和孩子的沟通?

案主:对,孩子说她自己有点焦虑,原计划去年12月考研,后来她又没考。

赵中华:谈谈你的成长经历。

案主:我的父亲非常严厉,他在公安局上班,一个月到两个月回来一次,12岁之前父亲都没有陪伴过我。

赵中华:你爸爸对你动手,印象深的有几次?

案主:没有印象深刻的事,我做错了事,他随时都可能打我,没有信号。

赵中华:我大概知道了。我们来排列一下,请一下代表。

• 排列呈现

（引入爸爸代表、妈妈代表、案主代表）

赵中华：跟着感觉移动。你爸爸对你的期待挺高的？

案主：期待高不高不知道，就是要求我要听他的话。

赵中华：期待越高，就对一个人要求越严。

案主代表：我不敢看爸爸的眼睛，我就想妈妈特别多。

妈妈代表：我就想保护儿子，和儿子靠近一点。

爸爸代表：我希望他成长为我希望的样子。

赵中华：你爸爸现在去世了？去世几年了？

案主：去世5年了。

（引入老婆代表、女儿代表、情绪代表）

赵中华：跟着感觉移动。有什么感想（见图5-1）？

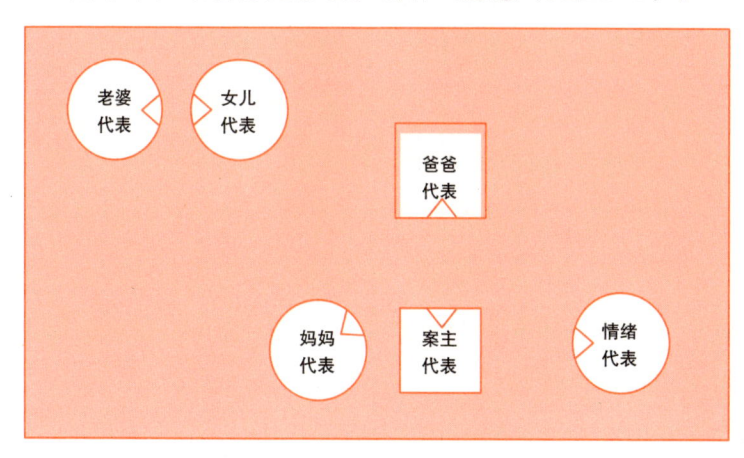

图5-1　各位代表排列呈现

爸爸代表：我现在就总觉得他没有成为我想要的人。

案主代表：我就想离我爸爸远一点，我想跟我这个小家里面的人在一起，我觉得很幸福。

赵中华：你爸爸始终看着你，满眼都是你，说明对你期待确实挺高。

老婆代表：我可以看到我女儿，也可以看到我老公，我觉得挺好的。

案主代表：我还是想看到他们，我很舒服，我不想跟我爸爸靠得太近。

女儿代表：我就想挨着妈妈，安安静静的。

爸爸代表：就是感觉他不按照我的要求来，感觉他在对抗。

赵中华：你小时候和爸爸对抗吗？

案主：小时候是比较反感我爸爸。

赵中华：情绪代表上来一直盯着案主代表。

案主代表：他一上来，我就感觉有一股压力，然后就想走开。但是我又不愿意去我父亲那边，所以有点手足无措。

赵中华：我最开始推测你这个打人的情绪和你爸爸有很大的关系。但通过排列，我发现和你爸爸关系不大。可能和你的成长还有很大的关系，应该是你小时候的情绪堆积在一起导致的。

案主：我记得我在18岁当兵的时候，列队准备去上火车。我从小和爸爸的肢体接触，只有他揪我耳朵，其他是不会有的。当兵的时候，我们一起往列车车厢走，人也比较多，我没有带行李，爸爸就搭着我的手，这个时候我的感觉非常强烈，心里感觉非常踏实，就是我以前对他的所有抱怨都灰飞烟灭了。

赵中华：有什么话想对爸爸说？

案主：小时候我很调皮，惹你不高兴。现在你已经离开我们几年了，其实是我长大以后，才理解你的想法。

赵中华：你跟着我说几句话。

老师带着案主一起说

爸爸，那一次你在火车站送我，你握着我的手，那一刻我才感觉到了父亲的爱，这么多年，我一直非常渴望你的爱，你对我有一些要求和期待，这些要求和期待的背后，也是你对我的爱。同时你爱我的方式，对我也有一些影响，导致我现在，在爱我女儿的时候，会用到你的方式。爸爸，中断的那十几年，其实我很需要你，我知道你是一个警察，但我需要一个爸爸，一个爸爸给予我的爱，我现在做了爸爸之后，当女儿不听我的话，跟我对抗时，我也会像你一样去对待她。爸爸，我爱你！

赵中华：闭上眼，回到你小时候特别渴望父亲的时候，没有哪一个孩子不渴望父亲的爱。你在什么时候最渴望父亲？你会慢慢地向父亲靠近，父亲也在向你靠近。慢慢地变成你小时候，在你受欺负的时候，在你受委屈的时候。你最渴望你父亲的时候你有多久没拥抱你的父亲？和父亲拥抱一下。

女儿代表跟着我说几句话。

老师带着女儿代表一起说

爸爸，有时候我感觉不到爱，因为有时你太严厉了，我需要的爸爸是一个支持我、相信我、爱我的爸爸，你有一些期待，是你爸爸对你的期望，不应该放在我的身上，我只是女儿，可以让我做自己吗？我想以女儿的身份来爱你，可以吗？

赵中华：女儿非常渴望父亲的爱，你说她不尊重妈妈，要让她真正懂得道理，你女儿要的就是尊重、接受、爱，你的爸爸对你要求很严厉，所以你对你女儿也有很高的要求，这一代一代传承下来，你爸爸只牵着了你一次手，你就完全化解，你的女儿何尝不是？所以说真正的爱是没有控制的，真正的爱是没有不该有的期待的，这才是真正一家人，回去之后好好跟女儿说一句对不起。

你问我如何沟通？从道歉开始，从对不起开始，从我爱你开始，一次不行，做两次，两次不行，说三次，三次不行，说十次。

你的作业是每天拥抱三个人。坚持21天。

赵中华点评

很多人往往把最不好的一面留给了亲人，把最好的一面留给了陌生人，殊不知你生命中最重要的人是你的亲人，对方为什么能忍受你的臭脾气，因为对方爱你，因为对方在乎你，所以越熟的人越要有礼貌，越熟的人越需要尊重，因为有了尊重才有了爱，因为有了理解才有了爱，因为有了包容和欣赏，才有了爱。

我的孩子为什么总是不开心?

> **案主:** 女士,45岁,希望改善亲子关系。

赵中华:今天你做的主题是什么?

案主:关于亲子关系。我有三个女儿,目前我二女儿经常不开心,也不愿意外出,也不愿意上学,身体经常不舒服。

赵中华:那你的目标是什么?

案主:目标就是找到这个孩子不开心、情绪失控的原因,帮助这个孩子走出来。

赵中华:你指的走出来是指什么?

案主:让她变开心,很多事情变得更加有正能量。

赵中华：那你孩子的这种不开心，你觉得是什么原因？

案主：可能是家庭的原因，或者是我们夫妻关系的原因。

赵中华：还有吗？

案主：还有我们平时沟通方式的原因。

赵中华：我们来聊聊你的爸爸，你的爸爸是一个什么样的人？

案主：我的爸爸非常聪明，也很帅气，非常有主见。

赵中华：很好。我听你对你爸爸的评价，你好像很欣赏你爸爸，好像很喜欢他。

案主：对。

赵中华：所以说爸爸对你很重要，是不是这种感觉？很喜欢爸爸，爸爸在你心目中位置很高。妈妈呢？

案主：妈妈比较柔弱，她也很善良，很勤快，很持家，就是比较柔弱，心软。我们小时候，父母关系很不好。

赵中华：他们吵架你一般帮谁？

案主：在心里面会向着母亲多一点。

赵中华：你的外公外婆是做什么的？

案主：都是农民，都去世了。

赵中华：你的爷爷奶奶是做什么的？

案主：也都是农民。

赵中华：你的爸爸是他们家最小的一个，对吧？

案主：对。

赵中华：我看到你妈妈善良，你也善良，你有点自卑，不太喜欢说话，你觉得这份自卑跟谁有关？

案主：跟母亲吧。

赵中华：为什么这么说？

案主：我受她的影响比较多一些。

赵中华：什么影响？

案主：她比较关心我。

赵中华：你有自卑，你的孩子有自卑，看到了吗？这个有点像盲目的忠诚，这个叫模仿、复制。你有点内向，你孩子也有点内向，你的内向跟谁有关？

案主：跟父母他们那时候吵架、冷战都有关系。

赵中华：相互冷战多长时间？

案主：很久。

赵中华：你孩子也不太想说话，我们也不要说孩子抑郁，可能没有抑郁，孩子仅仅是不喜欢说话，有没有发生一些什么事，影响了她？

案主：我觉得是不是和亲子中断有关。

赵中华：是指什么时候有亲子中断。

案主：她1岁以后，我断断续续在外面工作，到8岁以后我去更远一点的地方，两三年才回来一次。她12岁的时候我带她去比较远的地方，在一个陌生的学校、陌生的环境，她可能也受到过别人的嘲笑和欺负。

赵中华：这可能就是问题的根源。亲子中断在自我成长里面，对孩子的影响是很大的。如果孩子从小没有感觉到爸爸妈妈的爱，未来就会缺乏爱与被爱的能力，无力感都有可能。这需要做一个亲子中断的连接。

赵中华：我们来排列一下，请一下代表。

•排列呈现
（引入案主代表、女儿代表、老公代表）

赵中华：跟着感觉移动，大家的感觉是什么（见图5-2）？

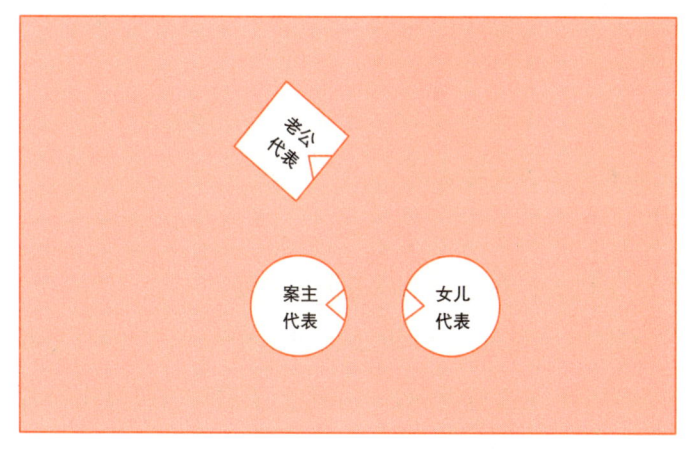

图5-2 各位代表排列呈现

老公代表：感觉很无力，过来想帮助孩子，但孩子离开了，有无力感，比较沮丧。

案主代表：我感觉孩子好像只靠近我，我感觉挺温暖的。

女儿代表：心里很舒服。

赵中华：你有什么话想说吗？

女儿代表：我觉得爸爸过来的时候，我压力特别大，压得我喘不过气，很抗拒，没有想说的话，感觉好委屈。

老公代表：看到孩子这种感觉，自己很难受。

女儿代表：我现在想靠近妈妈，然后又不知道怎么去伸手，他们过来的时候觉得温暖了，又特别委屈，现在也不抗拒他们，但是就是不知道怎么伸手。

赵中华：来，看着妈妈的眼睛说几句话。

老师带着案主一起说

妈妈，我很想爱你，可是我又不知道如何爱你，甚至有点害怕向你靠近。

案主代表：我想给她很多很多的爱。

赵中华：你知道为什么妈妈之前给不了女儿太多爱吗？因为妈妈也没有得到太多的爱。来看着爸爸说几句话。

> **老师带着案主一起说**
>
> 爸爸,我很爱你,同时我也不知道怎么爱你。

赵中华:你老公在家强势吗?

案主:不强势,就是有点大男子主义。

赵中华:我刚才留意到他一过来,你孩子就走开了。

> **老师带着爸爸代表一起说**
>
> 女儿,爸爸很爱你,同时有时候我的爱也许伤到了你,对不起!请你原谅。

赵中华:讲完之后,有改变吗?

女儿代表:觉得他们柔和了很多,不那么抗拒他们了,想伸手去拉拉他们,但是还是不敢伸。

老公代表:我站在这里我会感受到我只会关心我的女儿,但是我也没感受到我妻子对我的关心,就是我站在这里我是为了我女儿站这里,没有感受到夫妻间的温暖。

赵中华:所以你老公可能还需要你的爱,平时对他有一些忽视,知道了吗?回去以后,要多关心他,可以吗?

案主:可以。

（引入亲生女儿）

赵中华：很漂亮的一个女孩子。看着孩子的眼睛说几句话。

> **老师带着案主一起说**
>
> 孩子，之前妈妈对你有一些忽视，是妈妈的错，请你原谅。因为妈妈也没有爱，妈妈很想爱你，可是我的爸爸妈妈也没有给我爱。孩子，我将来会尽量地去爱你，我曾经做的一些事情伤害了你，请你原谅。我愿意改变自己，重新来爱你，让我们重新开始，可以吗？

赵中华：给妈妈一个拥抱，抱着不要动，孩子闭上眼睛，感受妈妈的身体，去感受你从小缺失的爱，那么多年，每个孩子都渴望有妈妈抱，每一个孩子都渴望有人爱，你的妈妈也不容易，她从小也是一个没有被人关注的人，她是家里最小的一个，你的妈妈上面有四个哥哥跟姐姐，她从小被忽视，她也没有爱，妈妈也是在这种环境下长大，所以才有了你，她把你带到这个世界，她也不容易，去感受妈妈的身体，去连接妈妈的力量，去连接妈妈的爱，去感受，完全地去感受妈妈的身体，去感受妈妈的爱，想象自己回到婴儿的时候，回到你那么多年没有跟妈妈在一起的日子，现在你拥有妈妈了，你不再孤单，你能够完全地感受妈妈的爱、妈妈的身体，妈妈是很爱你的，无论怎样，她都爱你，无论变成怎样，妈妈都爱你，去感受。

这种亲子中断在每个人成长当中是非常重要的，最好的办法就是拥抱，非常好。这个孩子也感动了，也哭了，孩子也渴望爱，这个孩子也非常坚强，这个孩子非常有力量。

我相信带着这样的感觉，她们的爱可以重新开始，她们这种感觉，这种家庭可以重新开始，爱能化解一切，唯独爱，能解决所有。

孩子，我再教你说两句话，看着妈妈的眼睛，跟着我一起说。

老师带着亲生女儿一起说

妈妈，我也爱你，我做不了你，我只能做我自己，妈妈，我能做我自己吗？妈妈我不乖了，你还爱我吗？妈妈，我犯了错，你还爱我吗？就算我表现不好，你还爱我吗？

案主：无论怎样，我都爱你。

赵中华：给妈妈鞠躬，说谢谢妈妈。

亲生女儿：谢谢你，妈妈。

赵中华：我们要感谢生命。

赵中华点评

孩子出现问题，就是提醒家长要成长了。妈妈如果自己就缺少爱，那么她也给不了孩子爱，所以孩子出现问题，家长要先找自己的原因，先改变自己才能改变孩子。

自己缺乏母爱，不知如何表达爱

> **案主：** 女士，36岁，希望改善和家人的关系。

赵中华：你今天做什么主题？

案主：改善我和家人的关系

赵中华：目前你最想处理跟谁的关系？你想达到什么效果呢？

案主：在我童年时，我和爸爸妈妈没有在一起生活，没有得到父母的爱。在我记忆里，我就记得我妈妈去世时，我最后一次去送她。我爸爸一直在外面做生意，中间偶尔回来，因为我们家四个孩子，爸爸压力很大，有时候我们孩子间吵架，他就会打我，我一直很怕爸爸。

赵中华：孩子们吵架，你爸爸为什么打你呢？你是排在中间的，上面有姐姐还有哥哥。

案主：我妈妈去世时，姐姐已经12~13岁了，2年后她就出去打工了。我妹妹因为年纪小，我爸爸出去打工一直把我妹妹带在身边。

赵中华：你是被谁带大的？

案主：奶奶。

赵中华：你奶奶带你到几岁？

案主：从妈妈去世前我就在奶奶家，一直到我15岁出去打工。

赵中华：你奶奶还在不在？

案主：不在了。我和哥哥在奶奶家时间长一些，奶奶重男轻女，更喜欢我哥哥，对我经常打骂，我感觉奶奶就像魔鬼一样，对我很凶，我很怕她。

赵中华：爸爸对你也有点凶。

案主：对，我也很怕爸爸，但爸爸打得不多，只打过几次。

赵中华：你想妈妈吗？

案主：想妈妈。

赵中华：这很明显是亲子中断问题，和妈妈亲子中断就会缺乏安全感，孩子受了委屈，妈妈一抱孩子就不哭了，孩子感觉自己有了依靠，感觉自己是被疼爱的。

案主：是，我知道自己缺乏安全感。

赵中华：缺乏安全感，在成人后最大的表现就是喜欢控制别人，一旦发现这个人不在掌控范围，他就会焦虑、紧张，感觉很无助。在自己的小家里就会表现为控制老公和孩子，软硬兼施。

如果和爸爸亲子中断，就会力量缺失，缺乏自我价值感，一个有价值的人，一个有力量的人，是能够面对人生困境的人。

你想通过修复和父母的关系，然后改善和谁的关系？

案主：改善和儿子的关系。

赵中华：你觉得和你儿子的关系，目前最大的问题是什么？

案主：他好像不想见到我。

赵中华：你猜他为什么不想见你？

案主：他觉得我什么都想管他。

赵中华：你知道答案了。

案主：我不知道自己说的哪句话伤害到他了，我自己不能确定我说的话是对还是错。

赵中华：这个问题问得好，我们和孩子沟通时，自己要先把要说的话在脑子里过滤一下，比如说，"你怎么又不管我呢？"你在发这条信息前，先发给自己，你看看自己有什么感受。

案主：是，这也是我需要提升的，因为我这个人说话，很多时候我就是没有顾及别人的感受。

赵中华：你也可以找个人示范一下，讲给对方听一下，问问对方感受，就这样练。现在孩子在深圳读书？

案主：他已经从学校回来了，他不想回学校读书。我希望他要么到您这里学习一下，要么就回学校去读书。

赵中华：一个人不能操控另外一个人，你希望让他回学校，你还想达到什么目的？

案主：如果他不回学校，也不来您这里学习，他就会找他的朋友玩，我就怕他受别人影响，他现在就开始抽烟喝酒。

赵中华：你记住一点，你想成全什么你就反对什么。比如说他在抽烟，你想成全他抽烟，你就不准他抽烟，保证他这辈子都抽烟。你不允许他跟小丽谈恋爱，你只要一反对，他们俩就会在一起。人就是这样的，因为他有自我意识，他需要有自己的决定。所以当一个人有自我出现之后，他第一个反应就是跟父母作对。

回去之后和孩子聊一聊，你一定要记住，不要操控，你的操控会让人远离你，不管是孩子还是老公，还是你身边的朋友，都是一样的。你只要带着操控，人家都会想远离你，因为没有谁想做那个木偶，没有谁希望被别人操控。

案主：我知道了。

赵中华：那我今天帮你做两个主题，一个是修复你在原生家庭的感情创伤；二是改善你和孩子的关系。我们来排列一下，请一下代表（见图5-3）。

• **排列呈现**
（引入案主代表、奶奶代表、爸爸代表、妈妈代表）

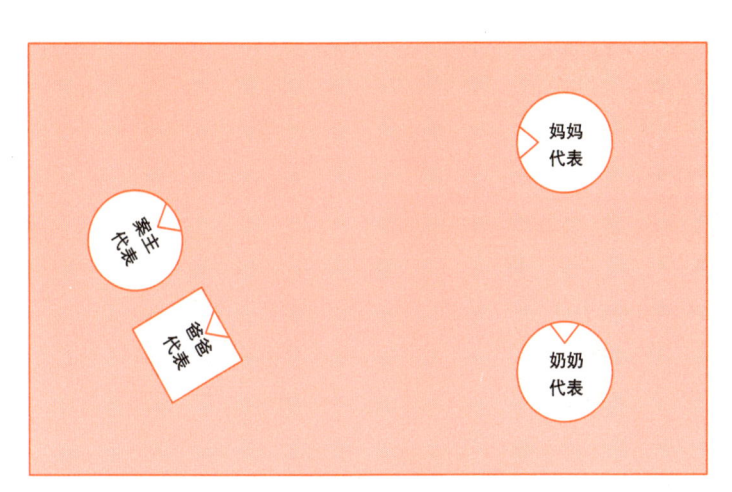

图5-3　各位代表排列呈现

赵中华：好，跟着感觉移动，大家谈谈感受。

案主代表：妈妈上来时，我想靠近妈妈，但是我脚抬不动，同时我又觉得靠着爸爸有安全感一点。

赵中华：在心理学中有个词叫作生存姿态。意思是我为了让自己活下去，他必须要依附在某个人的身边。比如说爸爸总骂我,我为了让自己活下去,我就会讨好爸爸。孩子会根据父母的态度来改变自己,萨提亚提出四种生存姿态:指责型、打岔型、讨好型、超理智型。

案主:我突然想起来,在我妈妈去世后,我爸爸突然回家里做生意,我那一年就不读书了,我在家里帮我爸爸洗衣服、做饭。

赵中华:你觉得你在做谁?

案主:妈妈。

赵中华:这就是身份错位了。请面向妈妈,我引导你说几句话。

老师带着案主一起说

妈妈,爸爸是你的,爸爸属于你,我没资格站在你的位置,对不起!

赵中华:再面向爸爸说几句话。

老师带着案主一起说

爸爸,妈妈才是你的女人,我只是你的女儿,我没办法去做你的爱人,去填补你的空虚,去满足你的寂寞,我只能做女儿,对不起!

赵中华：想象自己真正从爸爸的身边走出来，自己往后退一步。退出来了。感觉怎么样？

案主：轻松一点。

赵中华：你要记住，就算妈妈不在了，她也是爸爸的女人，这是永远不变的。你想要真正解除你的控制欲，最根本的原因就是要修复你和妈妈的感情，因为你妈妈36岁就去世了，对你来说几乎是一个空白，所以你缺乏安全感。现在你跟着我讲几句话。

老师带着案主一起说

> 妈妈，我很想你，我非常想你，我无时无刻不在想你，直到我现在长大之后，我的控制，我的操控，我的不安全感，都来自我在寻找你。妈妈，你还好吗？

（案主大哭。）

赵中华：现在你闭上眼睛，回忆一下小时候你最需要妈妈的时候是在什么时间？什么地点？

案主：我放学赶上下雨时，我看到别的妈妈来送雨伞和衣服，而我穿着短袖，被雨淋湿了，我觉得很冷。

赵中华：你那时候多大？

案主：大概10岁的样子。

赵中华：现在要请你往前走，一直走到10岁的时候，再继续往前走。一直走到你最需要妈妈的时候，继续往前走，走到那个下雨天，10岁的你，站在雨中，特别需要妈妈的时候。妈妈，我需要你，妈妈，我想你。想象自己变成了一个小孩，然后在下雨天很需要妈妈。这么多年，不管你受了多大的委屈，受了多大的伤害，有妈妈的怀抱，有妈妈在，一切都能解决。（妈妈代表拥抱案主）把自己完全变成一个孩子，享受妈妈的爱，想象妈妈的爱就像一道光通过妈妈的身体，温暖到你身体的每一个细胞，温暖从你的身体传到你的心中，传到你的手指尖、脚趾尖、头发。不安全感犹如黑暗，用这道光把它驱散掉。放松，你现在身上不要用任何的力量，相信妈妈，妈妈抱着你呢！全身放松，不要用任何的力量。你跟着我讲几句话。

老师带着案主一起说

妈妈，你已经走了，这是事实，在身体的层面，你已经离开了我，但在灵魂的层面，你时刻都存在。妈妈，我把你放在我心里最重要的位置，等时间到了，也许四五十年之后，我们总有一天会相见。妈妈，我爱你！妈妈，谢谢你！

妈妈代表：其实我一直都在祝福你，一直都在关心你，相信在你受苦的时候，一定可以坚强地去面对。果然，你真的非常坚强，让我非常放心，我现在可以放心了，我对你真的放心了。你是一个很棒的母亲，你有能力去做好一个好母亲，我相信你。

赵中华：请代表上来（见图5-4）。

（引入儿子代表、老公代表、未来儿媳代表）

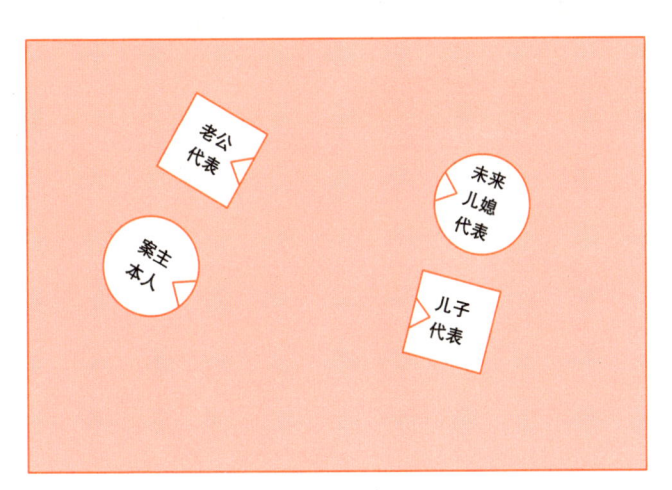

图5-4　案主与儿子的关系

赵中华：跟着感觉移动。

儿子代表：开始我想走过去挨着妈妈，但发现爸爸过去了，我就没过去。

赵中华：这句话很重要，身份错位到这一代又有了。也许你儿子在想做你老公，你儿子的眼睛一直关注着妈妈，没怎么关注爸爸。所以你要真正醒悟过来，开始把你的眼睛放在老公身上，如果你再长时间把你的精力都放在儿子身上，儿子就会发生身份错位。

案主代表：我看着老公，我想靠近他，又有点不敢靠近，就是有点紧张的感觉。

老公代表：我感觉很有压力，想靠近老婆，但她真的很凶。

赵中华：你面对儿子代表，跟着我说几句话。

老师带着案主一起说

> 儿子，你是我的儿子，我是你的妈妈，你做不了我的爱人，你只能做我的儿子，妈妈是有人陪的，妈妈是很辛苦，是很累，但这也是妈妈的命，与你无关，你很爱妈妈，妈妈知道，妈妈只能给你一个母亲的爱，不能给你伴侣的爱。

赵中华：会有一点不舍得，放轻松一点。你儿子未来会属于他的爱人，不属于你。你所有的问题都来自不愿意让他走，你舍不得他，因为你小时候已经体会过这种亲情中断。你儿子未来属于他的爱人，不属于你，你要把焦点放在你老公身上，他才是你的伴侣。儿子代表，请你和我一起说。

老师带着儿子代表一起说

妈妈，我想走，我想做我自己，可以吗？妈妈，你愿意让我做自己吗？也许我做的事不一定符合你的心思，但那才是我，我没办法满足你的那份期待。

赵中华：感觉怎么样？

案主：感觉特别好。

赵中华：给你布置个作业，每天鼓励老公三次，每天鼓励孩子三次，坚持21天。

赵中华点评

孩子在成长过程中，亲子关系中断对他的影响非常大，会影响到未来的婚姻关系和他自己的孩子。如果是与妈妈亲子关系中断就会缺乏安全感，从而产生强烈的控制欲，一旦发现这个人不在他的掌控范围，他就会焦虑、紧张，感觉很无助。对爱人和孩子的控制欲都很强，以至于爱人和孩子都想远离他。如果是与爸爸亲子关系中断就会缺乏力量，缺乏自我价值感，在别人面前没有自信。

爱不意味着可以操控孩子

> **案主：** 女士，40岁，希望改善和孩子的关系。

赵中华：你今天想做什么主题？

案主：我想改善和孩子的关系。

赵中华：孩子多大了？

案主：大的15岁，小的6岁，都是男孩，现在是和大儿子关系不好。

赵中华：和孩子关系怎么不好？

案主：就是关系很紧张，他都不想看我。

赵中华：目前和孩子就不怎么交流，是吧？就是两个人都没有共同话题了。现在关系恶劣到什么程度？

案主：他现在长沙读书。他不要我过去看他。

赵中华：你们之前发生了什么事？

案主：我对孩子期望比较高，但是他成绩不理想，我经常唠叨他，对他提出更高的要求。现在他又早恋了，经常要零花钱，我给他钱又很不放心。

赵中华：你个人认为导致你们关系疏远最重要的原因是什么？

案主：我觉得他对我不信任了，以前他对我还是信任的，后来因为他不听话了，我就开始唠叨，有时候就请他爸爸给他讲道理，结果他爸爸的话他也不听，以至于关系越来越紧张。

赵中华：以前他听你的话，现在没那么听话了，不跟你交流，不跟你说话。现在说的没那么多了。

案主：现在就不交流了，我问他为什么这样？他说因为看到我的表情，本来他不想做的事，但偏要做给我看。

赵中华：好的，我大概清楚了，就是你想改善和儿子的关系。那你的目标是什么？你想达到什么效果呢？

案主：因为马上要中考了，我比较焦虑，担心他考不好，我知道我的情绪会给他带来一些负面的影响。我就是希望能缓解我紧张的心情，孩子现在这个样子，我也意识到是我的原因，比如他爱玩游戏，我当时不应该给他买手机，另外我在钱这方面也没管理好。

赵中华：你是希望能缓和你们之间的关系。你之前打过他吗？

案主：小学之前我打过他，但是后来我跟他承诺了，不再打他。

赵中华：你跟你老公关系怎么样？

案主：我们关系一般，平时我们也会交流，但是我对他有点不屑的那种感觉，我们两个人观点不一样时，我就不想跟他说了。他也说过，你说你的，我做我的。

赵中华：你们的关系也是有点疏远，是吧？

案主：疏远也不疏远，就是观点不一致时，我就不再跟他讲了。

赵中华：好，我再复述一下，今天我们的目标一是找出你和儿子关系紧张的原因；二时改善你和丈夫的关系；三是减轻你的焦虑情绪。我们来排列一下，请一下代表（见图5-5）。

●排列呈现
（引入老公代表、案主代表、儿子代表）

赵中华：大家跟着感觉移动。你看妈妈眼里只有孩子。但妈妈每次想接近孩子时，孩子就跑开，这表明孩子有压力。同时你还有身份错位，你把太多的焦点放在儿子

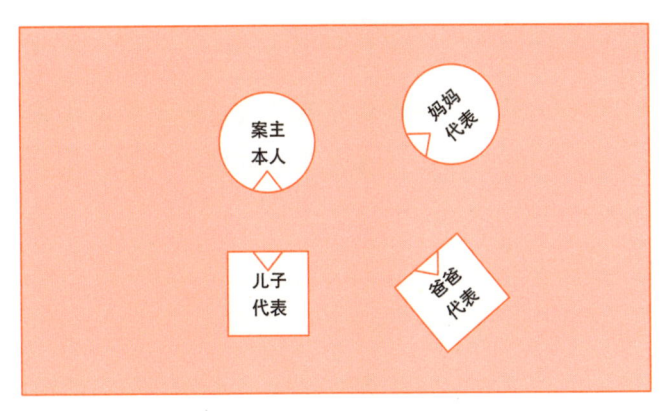

图5-5　各位代表排列呈现

身上,把儿子当成老公了,忽略掉你真正的老公。当你的眼里只看到孩子的时候,孩子的压力是很大的,他要离开你。

案主:我明白了。

赵中华:跟着我一起说几句话。

老师带着案主一起说

妈妈对不起你,以前对你要求过高,期望过大,压得你喘不过气来。我以后会降低对你的期望,放平常心态。不过多地去严厉要求你。

接受,并尊重你。

> **老师带着儿子代表一起说**
>
> 妈妈,我不是你老公,我只是你的孩子,我没办法去填补你的空虚,去满足你的寂寞,那是爸爸该做的事情。

赵中华:你感觉怎么样?

案主:听了之后觉得确实是这个道理,我感觉稍微轻松一点了。

赵中华:当妈妈的眼里只有成绩和期待的时候,孩子会感觉你爱成绩胜过爱我。

> **老师带着儿子代表一起说**
>
> 妈妈,我无法做成你理想中的样子,我想做我自己,可以吗?你真的愿意放过我吗?

案主:我愿意让儿子做他自己。

赵中华:所有不和谐的关系,都会存在操控问题,你没有操控,别人就不会远离你,因为任何人都不想被操控。他是你的儿子,但他不属于你,你没有权力去控制他,他有权力选择自己的生活,将来他也会有自己的家庭。你应该和自己的老公携手一生,如果你们夫妻之间经常不说话,无形中就会影响到孩子,孩子以后也会不擅长与人相处，你们之间经常冷战，孩子长大后会比较冷漠，或者是沉默寡言，所有说我们家孩子不喜欢说话的家长，他们家一定有两个经常吵架、冷战的父母，因为在家里不说话，经常沉默寡言。

案主：确实是这样。

赵中华：那你和我一起说几句话。

老师带着案主一起说

你是我的孩子，我是你的妈妈，你只能给我一个孩子能给的，不能给更多。我曾经对你有一些要求和期待，对不起，现在我把这些要求和期待收回来。我去找我的父母，我去找我的伴侣，孩子谢谢你！你有你的人生，你有你的规划，你不属于我，也不属于你的爸爸，你属于这个世界，妈妈爱你！你比成绩更重要，你比学习更重要，无论你怎样，妈妈都爱你！

赵中华：和孩子拥抱一下，孩子要的是拥抱，不是你的操控，不是你的要求，你的操控和要求直接把孩子越推越远，孩子为什么不喜欢跟你在一起？是因为你过去总是有一些操控，要去改变他。你现在有什么感受？

案主：现在感觉轻松一些，没有那么沉重了。

赵中华：建议你经常问问自己，今天我开心吗？今天我快乐吗？你对孩子的期待越大，你这个手就抓得越牢，你还如此年轻，你还有很长的路要走，你应该为自己规划一下，未来你该走什么路？为自己的人生规划一下，做一个3年或5年的计划。当你朝着自己的目标奋斗的时候，你的手才能拿开。

案主：确实是这样，我儿子也说我们不求上进，认为我们总是安于现状。

赵中华：对，你心里有自己的规划，有一个目标，慢慢地往前走，这个时候你会发现自己和过去完全不一样了。

赵中华点评

当父母梦想破灭的时候，就是孩子噩梦的开始，因为父母要操控孩子，而这种操控会让孩子远离你，谁也不喜欢被操控，家庭中有了尊重才有爱，在不认同孩子做法时，还能允许孩子有自己生存的空间，这才是爱。

第六章

夫妻关系:
彼此平等互相尊重

CHAPTER 06

婚姻最重要的是我爱你,但不代表我能操控你,不代表你也爱我,不代表我能对你提要求,只代表我有理由爱你,我有理由对你好,我有理由给你买礼物,真正的爱是没条件的爱,爱不是交换,不是生意,只是单纯地我爱你。婚姻中的幸福不是把自己托付给对方,而是提升自己的价值,与其寻找不如吸引,让自己值得被爱。

婚姻中夫妻双方是平等的

> **案主**：女士，40多岁，希望改善夫妻关系。

赵中华：今天想做什么主题？

案主：我想咨询婚姻问题。我在婚姻中常常采取委曲求全的态度，我得不到丈夫的认可。

赵中华：你能具体说说你怎样委曲求全吗？

案主：我在婚姻中努力把事情做到最好，希望得到丈夫认可，但往往事与愿违，我越努力越得不到丈夫的认可。

赵中华：看来你不仅有小孩心态，还有受害者心态。

案主：我老公对我隐瞒他的收入，他借的钱也让我来还。今年我发现他有外遇了。

赵中华：我现在问你几个问题，目前你觉得你和你老公之间激情和爱情分别有几分，最高是10分。

案主：激情是0分，爱情是5分。

赵中华：你们俩是怎么认识的？

案主：我们是自由恋爱，当年我19岁，这是我的初恋。

赵中华：那你希望通过咨询达到什么目标？

案主：按我的性格来讲，我接受不了这个现状，我想离婚，但是我儿子24岁了，这个家能有今天也不容易，所以我现在想尽自己的努力保住这个家，我不想以后有遗憾，但是我也明白他一下是转不过心意的，所以我想努力改变自己。

赵中华：你想让我帮助你和丈夫能够更好地沟通，建立良好的关系，是这个意思吗？

案主：是的，我觉得我也有很多地方做得不对，我想努力提升自己，希望通过改变自己，让丈夫重新回归家庭。

赵中华：我首先想说的是婚外情没有很完美的解决方案，其次你现在和丈夫冷战，这个行为的结果就是撮合了他们两个人。

案主：我想和他去沟通，但是我不知道怎么沟通。

赵中华：在他有外遇之前，你们的关系怎么样？

案主：也不怎么样。我们沟通得很少，我说的话他基本都不认可，他认为我的观点都不对。

赵中华：在他有外遇之前，你们两个在家里谁占主导地位？

案主：他占主导地位，他发脾气的时候，我就不理他了。他受原生家庭的影响，他经常骂我。

赵中华：你恨他吗？

案主：我恨他。

赵中华：你们之间性生活怎么样？

案主：这几年我们基本都在冷战。

赵中华：你认为你像他的妈妈还是像他的女儿？

案主：更像他的妈妈。

赵中华：通过我和你的对话，给我感觉是，你既做了他的妈妈，又做了他的女儿。同时你还有小孩心态和受害者心态。那我们来看看你的原生家庭，你有一个哥哥，你觉得父母爱你多一点？还是爱哥哥多一点？

案主：我觉得爱哥哥多一些，因为我哥哥学习成绩比我好。

赵中华：你20岁前爸爸一直在外地工作？

案主：爸爸一直在外地赚钱，只是农忙季节回家一趟。我感觉我和妈妈相依为命长大的。

赵中华：你从小缺失父爱，以至于影响到你在婚姻中不知与丈夫如何相处，不知如何应对丈夫对自己的伤害，你的行为就是为了寻找父爱。你应该正确看待婚姻，每个人都希望婚姻是美满的，但同时我也想告诉你，婚姻不是生活的全部，婚姻只是你人生的一部分。另外你不要把孩子扯到婚姻里，不论你是否离婚，你的孩子都是有爸爸有妈妈的，这个你无须操心，何况孩子已经24岁了，成人了。我不是劝你离婚，但在婚姻中一味妥协是于事无补的，我希望你变得更强大，不管生活中遇到任何问题，你都敢于面对。你回想一下，你小时候有没有特别渴望父爱的时候？

案主：小时候家里很困难，感觉我妈妈、我哥哥和我三个人相依为命，非常无助，有时哥哥生病了，妈妈带他去看病，晚上我一个人在家非常害怕。还有就是家里房子很旧，蜈蚣和蛇经常进到屋里，我也非常害怕，这些时候我都非常想爸爸。

赵中华：你跟你妈妈关系怎么样？

案主：我和妈妈关系挺好的。

赵中华：我们来排列一下，请一下代表（见图6-1）。

•排列呈现
（引入老公代表、案主代表、外遇代表、儿子代表）

赵中华：大家根据感觉移动一下，你看外遇和你老公站得很近，你像木头一样站在边上。

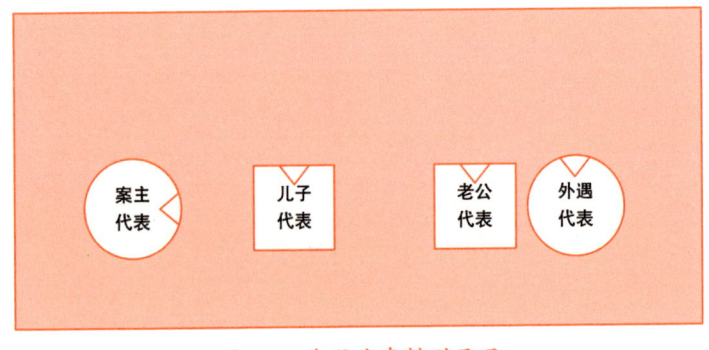

图6-1 各位代表排列呈现

案主代表：我想走近我老公，但靠近不了。

老公代表：我有点纠结，有点不舍，并不是特别厌恶我妻子，但看到她的眼神就不愿意多说话。

赵中华：请爸爸妈妈代表上来（见图6-2）。

（引入爸爸代表、妈妈代表）

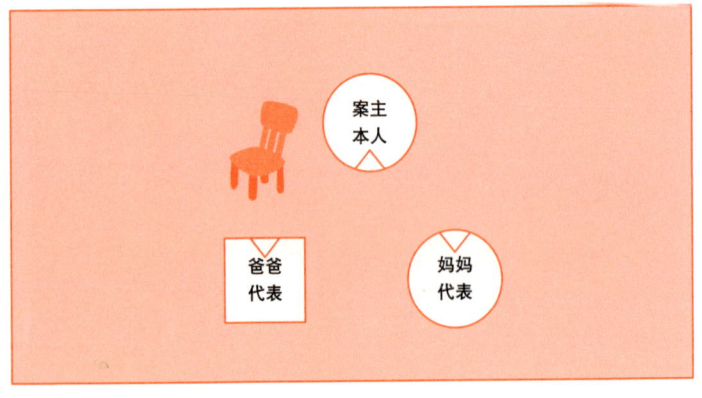

图6-2 案主摔枕头发泄情绪

赵中华：我现在要请你回到你的小时候，回到你30岁，回到你20岁，回到你15岁，回到你的10岁，你现在是几岁？

案主：5岁。

赵中华：现在要请你把你童年对你父亲的需求，以及对父亲的怨恨都放进你手中的枕头里。你每往前走一步，就回忆一下当年的事情，比如你在外面受到委屈得不到爸爸的帮助等等。你现在有什么情绪说出来。

案主：爸爸，我恨你。

赵中华：声音再大一点。你为什么不敢对老公说不？道理是一样的，很多孩子不敢跟父母说我恨你们，说不出来的，这需要很大的勇气。继续说。

案主：爸爸，我恨你。

赵中华：把恨放进枕头里，继续往前走。把枕头用力砸向椅子，你可以一边砸一边骂，把情绪都发泄出来，最后把枕头摔在地上，把它扔掉。

老师带着案主一起说

> 爸爸，我对你的恨，由这个枕头已经放下了，同时我也长大了，从今天开始，我想去面对我的人生路。

老师带着父亲代表一起说

女儿,从今天开始,你长大了,你不再是小女孩了,你有能力做你自己,无论发生什么,爸爸都跟你在一起,你比你的婚姻更重要,你的幸福最重要。

老师带着母亲代表一起说

女儿,妈妈爱你,今天你长大了,不再是小女孩了,你有自己的人生,你有自己的选择,你要为自己的人生负责任。

赵中华:你们拥抱一下。

爸爸代表:女儿,你长大了,我祝福你。

妈妈代表:女儿,你长大了,妈妈祝福你,妈妈永远爱你。

赵中华:感觉怎么样?

案主:轻松很多了。感觉我长大了。

赵中华:你回家后以成人的心态和老公聊一下。

案主:我们沟通有障碍,往往是我还没说完,他就吼起来。

赵中华:婚姻里面最需要的是尊重。如果他吼你,你就看着他的眼睛说,我们离婚吧。离婚还可以复婚。

案主：我是想给他一年时间，如果不行，我们就离婚。

赵中华：不能等待，冷战是没有意义的，你必须沟通，沟通时把父母和孩子都请到现场，夫妻是平等的，丈夫不是爸爸，你首先要长大，要有成人心态。你丈夫现在的行为也是你纵容的，他有钱去找外遇，没钱给你，你想蜕变，就必须经历这些痛苦，你想要变成蝴蝶，就必须要捅破那个蛹，除非是你不想做蝴蝶。给你布置个作业，开始化妆，穿漂亮的衣服，穿裙子，打扮起来。另外每天对着镜子鼓励自己十遍，你真美，你真漂亮，你真有魅力。

赵中华点评

想让男人爱你，不是做一个听话的女人。真正幸福的婚姻，是有自己的价值，有自己的想法，有自己的主见，不能一味地妥协，否则你会非常委屈、非常可怜、非常受伤。

讨好背后一定有愤怒

> **案主**：女士，42岁，希望改善夫妻关系。

赵中华：你想做什么主题？

案主：我在生活中总是想去讨好别人，很害怕失去，讨好老公，讨好孩子。我想改变自己。

赵中华：你上次发火是什么时候？

案主：就是前不久，对我女儿发过一次火，她正处于叛逆期。对我老公几乎没有发过火。

赵中华：你今天想达到什么目标？

案主：改善夫妻关系。

赵中华：你父母打过你吗？

案主：爸爸打过一次，他以为我早恋了，就打了我，其实我没有早恋，是冤枉我的。

赵中华：妈妈打过你吗？

妈妈，没有。

赵中华：你有两个哥哥，是吧？

案主：是。

赵中华：你小时候发过火吗？

案主：我爸爸打我那次，我就发了好大的火。

赵中华：你的讨好是因为你在害怕什么？

案主：我害怕失去。有些事我是很愤怒，但在我老公面前，我不敢发出来。

赵中华：比如什么事？

案主：有些需要夫妻共同承担的事情，我老公家族就不让他承担，甚至建议我们离婚，我就不敢把自己的不满意表达出来。

赵中华：回忆一下你小时候发生了哪些事让你感觉压抑？

案主：我七八岁时，父母吵架，好像是爸爸打了妈妈，然后我妈妈就说要离婚，要带我走，我和妈妈跑到屋后小树林里，我很害怕。

赵中华：你被吓到了吗？

案主：是一种恐惧，害怕父母真的离婚，我当时有种想保护妈妈的感觉。

赵中华：所以你就要求自己做到不离婚，是吧？你要做你父母的拯救者，所以就成了讨好型，去扮演一个讨好父母的人，觉得自己不发脾气，父母就不会分开，慢慢就成了讨好型的生存姿态。还有其他印象深的事吗？

案主：好像没有其他的事了。

赵中华：一定还有，为什么你老公这么欺负你，你都不敢说话？一定有原因。

案主：可能就是因为害怕失去。

赵中华：你小时候失去过什么？让你很伤心，让你这么害怕这种恐惧。害怕失去是从什么时候开始的？你想一下。

案主：我不知是不是和我爸说过的一句话有关系。他说我们三姐妹，将来我是最幸福的，如果你是个男孩子就好了。另外，小时候我家有一条狗，被别人毒死了，我记得那天我哭了很久。

赵中华：你一直讨好老公的原因是什么？让我们来排列一下看看，请一下代表（见图6-3）。

•排列呈现
（引入案主代表、老公代表）

赵中华：随着感觉移动一下，老公什么感觉？

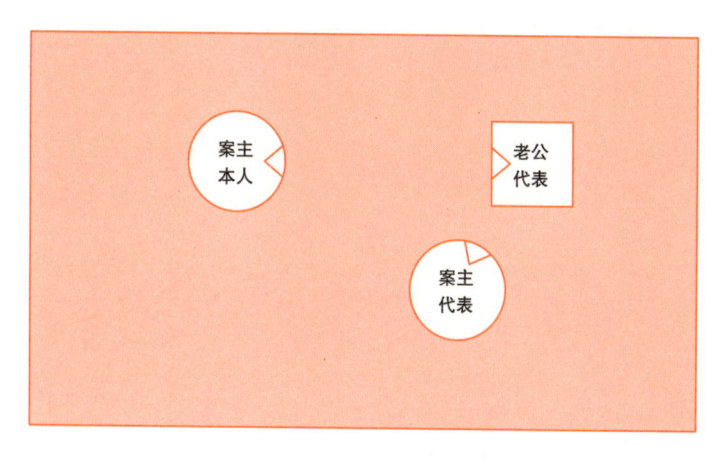

图6-3　各位代表排列呈现

老公代表：没感觉。

案主代表：我就想靠近他一点。

赵中华：你为什么选一个女的做老公？这有寓意的。

案主：（面对老公代表）你为什么什么事情都要我做，做不好你还怪我，你就不是个男人。为什么在你家里有什么错，都是我的错，你的错也是我的错。为什么你总是这样对待我？你的家人怎么能这样对待我了？你为什么不能替我说话？你为什么不能像我爸一样成为家里的顶梁柱。什么事情都是我做得多，什么都是我的错，你到底是不是个男人？家里都是靠我，有任何错误都是我的错。你不是个男人，我恨你！

赵中华：压抑来自没有表达，你继续。

案主：你有什么资格这样子对我，我恨你，我讨厌你。你有多远就走多远。为什么你看不到我对你的好，我恨你，我讨厌你。

赵中华：你知道为什么你这么恨他，还离不开他吗？因为没有谁愿意离开自己的父亲，这个叫身份错位。

案主：我刚结婚，爸爸就去世了，我觉得自己没有尽孝。

赵中华：原来原因在这里。请爸爸代表（见图6-4）。

（引入爸爸代表）

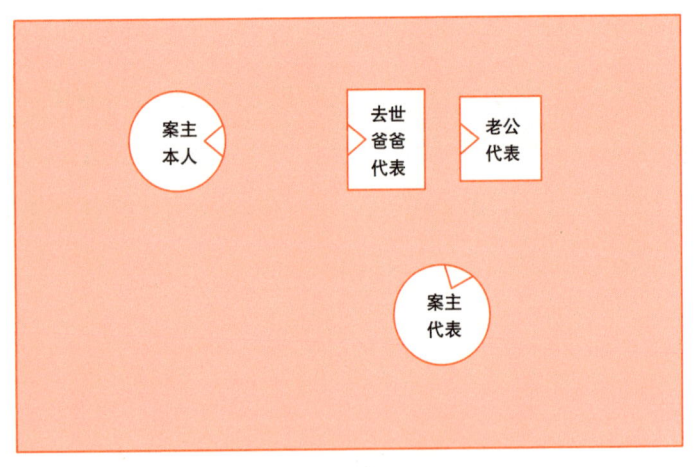

图6-4 案主和爸爸和解

赵中华：你跟着我说一段话。

老师带着案主一起说

> 爸爸,我好想你,无时无刻不在想你,甚至有一种愧疚,没有尽到孝,爸爸,我需要你,在婚姻中,我一直在寻找你的影子,对方这么欺负我,我还在忍受。

赵中华:有的人为了父母的一句话,牺牲自己的幸福,就因为爸爸说你这辈子不允许离婚,孩子会认为这是隐藏的宗旨,不管多痛苦,我都不离婚,我不能背叛爸爸妈妈的话。我要听话,我是乖孩子。

老师带着爸爸代表一起说

> 爸爸的离开,是爸爸的命运,与你无关,爸爸的心愿,是希望你过得幸福,你才是最重要的。爸爸永远跟你在一起,在生命的层面,我离开了你,在灵魂的层面,我每天都跟你在一起。

老师带着案主一起说

> 爸爸,有一天我们会相见的,但不是现在,也许是50年之后,也许是60年之后,那个时候我再来好好陪你,现在在我的生活当中,有些事我还记得,有一天我们会相见。爸爸,我可以不听话吗?我可以做我自己的选择吗?

赵中华：给爸爸一个拥抱。

我给你布置一个作业，第一，每天说出三个孩子的优点；第二每天运动10分钟，一边运动一边骂人，这两个作业坚持21天。

赵中华点评

讨好是因为缺爱，但我们更应该关注的是讨好背后的愤怒，是无声的愤怒。这种愤怒一定要发泄出来，否则后果就比较严重。愤怒对外就是破坏，愤怒对内就是折磨自己。所以长时间讨好的人内心都有一股愤怒，这种愤怒都没有被看见，被压抑了很多年，健康就会出问题。

找到离婚的原因才能开始新的生活

> **案主：** 女士，30多岁，希望改善自己的愤怒情绪。

赵中华：今天做什么主题？

案主：改善在婚姻中的愤怒情绪。我在7年前离婚了。

赵中华：婚姻持续了多少年？

案主：8年。我们两地分居7年，最后1年在一起，两地分居时他有外遇，和我在一起后也有外遇。

赵中华：离婚是谁提出来的？

案主：我提出来的。

赵中华：当你发现他有外遇，你就会有一种愤怒，是吗？

案主：对，一种被忽略的感觉。

赵中华：你这种愤怒是发火还是冷暴力？

案主：有过当面的发火，但是更多的会有一些抱怨。

赵中华：现在你们还见面吗？

案主：见面，有时候会带着孩子一起吃饭，一起逛街。

赵中华：他再找了吗？

案主：还没有。

赵中华：爱人出轨，愤怒是正常的情绪，但你们都没有再找，这是为什么？

案主：其实我是想找，就是感觉没有碰到比较合适的。找过一个，在一起2年多。

赵中华：我感觉你与人相处方面存在问题。你和前夫异地7年，他还有外遇，一般人是受不了的，但你没离婚，在一起1年后又离婚了。关键是你离了婚之后这7年都没有再找。一个人缺少凝聚力，不懂得跟人相处的时候，婚姻就会出现很大的问题。你父母打架吗？

案主：给我留下深刻印象的就是我父母打架的场面。有一次我妈妈被我爸打伤了，被很多人抬出去了。还有一次他们在打架的时候，我就跑到我爸妈面前拦着，我想保护妈妈，然后爸爸把我往旁边一扯，又继续打。

赵中华：当时你多大了？

案主：大概是六七岁的样子。

赵中华：你的老公对你怎么样？

案主：我们没有过肢体冲突，只有过拌嘴。

赵中华：你的父母脾气都暴躁？

案主：对。他们两个性格都非常暴躁，所以我的脾气也暴躁。

赵中华：所以说我们讲一个人肯定是原生家庭塑造出来的。还有什么事？

案主：还有一件事情就是我10岁左右时被我妈打，我妈打我时就像疯了一样，扯着我头发打，一边打一边骂。

赵中华：什么原因打你？

案主：我和妹妹发生冲突，妈妈就打我。

赵中华：你妈打你不止一次，是吧？

案主：很多次。有一次，我怕妈妈打我，就躲到我爷爷奶奶家，把门锁了，我妈妈使劲敲门，我吓得浑身发抖。

赵中华：我发现你讲这一段经历，好像挺开心？你的悲伤去哪里了？

案主：可能是我觉得我没有被我妈妈抓到。

赵中华：你在讲被妈妈暴打的时候，给我展现的都是比较理性，甚至是有些麻木，正常情况应该是悲伤或者愤怒。所以你在婚姻当中是不是也会出现这种情况，把自己的需求隐藏起来。

案主：对，不是特别敢表达自己的需求。

赵中华：你经常哭吗？

案主：在2~3年前哭得很少。但是后面会有，有时候悲伤时我就会哭出来。

赵中华：小时候还发生什么事吗？

案主：我上小学时，我父母经常晚上出去玩，家里只有我和妹妹。有一次，他们把门在外面反锁了，发生了火灾，我爷爷奶奶看房子在冒烟，就跑过来把门砸开，把我们抱出去了。

赵中华：你和父母有过情感中断吗？

案主：我十二三岁的时候，爸爸外出打工，出去有30多年，中间很少回家。

赵中华：你觉得自己冷漠吗？

案主：我从小就冷漠。

赵中华：我们对话过程中，你对情感的理解是不够的。你想一下在小时候到底发生了什么事，让你变得这么冷漠，为什么你害怕表达你的需求？

案主：我在上学前班的时候别人嘲笑我，因为当时我爸妈妈吵架。

赵中华：你的冷漠来自你想要获得爱，可是你又不愿意表达自己的爱，你很害怕被别人知道你的需求。

案主：是的。

赵中华：我们来排列一下，请一下代表。

• **排列呈现**
（引入案主代表、爸爸代表、妈妈代表）

赵中华：跟着感觉移动一下，看一下你们三个人的关系，你小时候害怕你爸爸吗（见图6-5）？

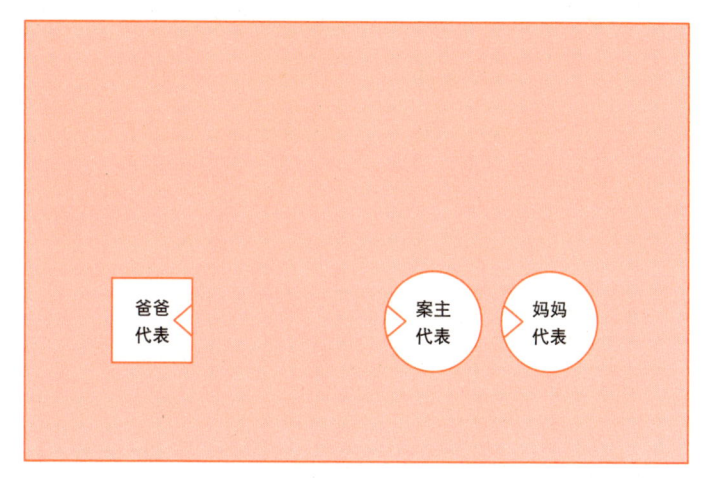

图6-5　各位代表排列呈现

案主：怕。他是那种很威严的，高高在上的。
爸爸代表：其实想和妈妈靠近，女儿一直挡在中间。
妈妈代表：就是心跳加快，很慌，然后就有一份担心。
赵中华：你父母发生冲突，是谁占上风多一点。
案主：爸爸。

赵中华：他们吵架是谁占主导地位。

案主：两个人脾气都大，我妈妈是嘴巴很厉害，我爸爸就是喜欢动手，两个人都比较强势。我小时候总是害怕，要么怕他们打起来了，要么怕我妈突然冲进来打我，因为我妈妈有时候突然冲进我房间就把我抓起来打，扯头发往地上打，打耳光，全身都打，然后边打边骂。

赵中华：我猜你老公找外遇和你的冷漠有关系。

爸爸代表：其实从一上来就觉得女儿不应该站在中间，让我生气，心里很痛。

赵中华：你站在中间，不但没有帮到他们，反而让你爸爸更愤怒。

妈妈代表：我感觉女儿在保护我，我好感动。孩子们在我身边，我就有力量跟他吵架。

赵中华：越愤怒、越强势的人其实越孤独，寂寞孤独的背后是求助，愤怒的背后是求助，那你是什么感觉？

案主：我觉得我好恨爸爸，他只会对我们指手画脚，一点都不关心我们，特别是对妈妈一点保护都没有，没有作为一个男人的责任。

赵中华：你有点身份错位。你把你要对爸爸说的话说出来。

案主：爸爸，我恨你。你只知道骂，你只知道打，你知道我那个时候有多害怕吗？你们两个人经常打，你考虑到我们小孩子的感受吗？感觉天都要塌了。你只知道提要求，指手画脚，从来就不关心我们是什么感受？我们需要什么？你是最应该保护我的人，在我小时候，你保护过我吗？你保护过妈妈吗？你给了我一个和平的家吗？你知道你们打架我有多害怕吗？你有关心过我吗？我想靠近你，走近你的时候，你的眼睛从来都不在我身上。你们俩经常晚上出去，没有多少时间好好陪陪我们，我晚上害怕的时候，你知道吗？

赵中华：你听完女儿这么说，你什么想法？

爸爸代表：还是没有自责，她站到我和她妈妈的中间让我很生气，其实我一直是想去找她妈妈，但感觉她一直站在这里，我找不出父亲对孩子的爱的感觉，我和她妈妈中间没有连接。

赵中华：作为女儿，你爱爸爸，也爱妈妈，更爱这个家。但你是典型的盲目的爱。你刚才所有的语言里面有三种身份重叠，第一种身份就是女儿，第二种身份是伴侣，第三种身份是爸爸妈妈的父母，所以肯定就会很累很辛苦，你背负太多东西。你父母打架，那是他们两个人的事，你今天要从心里面退出了。

> **老师带着爸爸代表一起说**

女儿,我有老婆,你没资格做我的老婆,你只能做我的女儿。爸爸妈妈的事,爸爸妈妈会做,我知道你很爱我们,同时,这是我们两个人的事。

> **老师带着妈妈代表一起说**

爸爸是我的,而不是你的,你是女儿,你只能做一个女儿能做的,回到你女儿的位置。

赵中华:闭着眼睛。回到小时候。父母吵架时你要拦着,现在,你要放下手,不再拦在这里,那是他们两个人的事,以后开始你的人生,你要开始追求你的幸福。他们的事就让他们自己去做。父母有父母的人生,你有你的人生。不应该老是纠缠在他们之间。

> **老师带着案主一起说**

从现在开始,我回到了我女儿的身份,我要去追寻我的幸福,我要去过我的人生,请允许我用这样的方式来表达对你们的爱。我能做的我都做了,我不该做的,今天我也放下了。谢谢你们!

赵中华：往后退一步。这代表真正退出。你现在需要赶快找个伴侣，你未来需要把时间和精力放在他身上，他才是你的未来，他才是你的幸福，不应该把对父母的愤怒放在他的身上，他是无辜的。

给你布置个作业。第一，开始化妆，让自己更女性化；第二，养个宠物，你自己养一段时间，或者两三个月或者半年都可以，学着去跟宠物连接一下感情，这个对你帮助会很大，你需要提升感受能力。

赵中华点评

最好的父母是园丁，不能放任不管，更不能打骂，如果父母没有给孩子足够的爱，孩子就会冷漠，缺乏爱别人的能力，导致自己婚姻不幸福。

● 不要用牺牲自己婚姻的幸福来表达对家族的忠诚

> **案主**：女士，30多岁，希望改善夫妻关系。

赵中华：做什么主题？

案主：如何能获得婚姻幸福？

赵中华：结婚多久了？

案主：7年。

赵中华：现在什么情况？

案主：想离婚，今年没有在一起过年。

赵中华：那我们要达到什么目标？

案主：不论我们是否能修复关系，我都希望未来能有一个幸福的婚姻。

赵中华：你和你前夫结婚多久？

案主：大约3年，但实际在一起也就一个月，我27岁时，一时冲动就和他领了证，后来我提出了离婚，我们没有孩子。

赵中华：是你们之间有矛盾吗？

案主：我感觉我被骗了，我们是初中同学，他说有个孩子，是他不到20岁时因为不懂事和一个女孩生的，后来一直自己带孩子。当时我感觉他对我还挺好的，我觉得他一个人带孩子还挺负责任，我就选择跟他在一起，到最后发现他其实有两个孩子。

赵中华：你和现在这个老公在一起7年了，是吧？然后有个女儿，对吧？

案主：是的。

赵中华：你父母的关系怎么样？

案主：他们关系好的时候还可以，但是小时候也觉得很多时候是吵架的。我爸爸基本上很少在家，我妈妈养家。

赵中华：你和爸爸有亲子关系中断？

案主：小时候我爸爸基本没有在家。我回想我和我爸爸在一起都是比较美好的，他给我买好吃的，一起唱歌，背着我去我外婆家，但他在家的时间特别少。

赵中华：我发现你现在找老公也是有点像找爸。

案主：希望找一个能聊得来的，而且我发现我谈恋爱的对象基本上都是异地。

赵中华：这是隐藏的忠诚，尽管你发现前夫和别人生了孩子，可是你还是没有离开他，还觉得这个男人挺不错。你觉得只要他做到了你爸爸这个样子，你就不会离开他。

案主：对，我在情感方面有依赖性，我做事像我妈妈，挺能干的，就是在情感方面非常希望得到对方的关心和爱。

赵中华：聊聊你妈妈。

案主：我妈妈既能干又漂亮，对长辈都很孝顺，她很包容，对我们完全是无条件接纳。

赵中华：看来你对你妈妈的评价很高，美丽、孝顺、贤惠、温柔、坚韧不拔。你为什么形容你爸有点"渣"？

案主：周围人对我爸评价都不好，认为他经常不在家，在外面有风流韵事。

赵中华：如果女儿认为自己的父亲渣的时候，你在找老公时会在他身上找爸爸的影子；如果爸爸渣老公不渣，你就会觉得对不起爸爸，这个也叫隐藏的忠诚。你妹妹结婚了吗？他们婚姻怎么样？

案主：她结婚了，也是异地，一直没有小孩。

赵中华：你讲一下你的成长经历？哪些事情对你影响比较大？

案主：我9岁时，我妈妈离开家1年，前半年我和妹妹寄养在姑妈家里，后半年是我爸爸带我们。

赵中华：你父母吵架发生肢体冲突吗？

案主：一般是砸东西。

赵中华：你帮谁多一点？

案主：我一般有点像裁判。我会拉他们，我妈妈会吵得比较厉害，我爸爸一般处于逃避状态，看起来是我爸爸犯了错，我妈妈要去跟他吵，我一般会把我妈妈拉开。

赵中华：我们来排列一下，请一下代表（见图6-6）。

•排列呈现
（引入爸爸代表、妈妈代表、案主代表）

赵中华：形容一下父母吵架的样子。

案主：我妈一边哭一边骂我爸，还撞墙。我爸爸一般有点躲避，但是有时候也会劝我妈妈不要伤害自己。我爸爸很孤单，我弟弟很无助，我妹妹参与感不强，家庭氛围不是特别好。

赵中华：婚姻的模板来自原生家庭，一旦发现原生家庭不幸福，自己就要改变。你爸爸很孤单，同时你们四个人都很渴望这个男人的爱，非常需要他。

在婚姻中，你到底代表的是谁？你代表的是妈妈，你在重蹈你妈妈的覆辙。

（引入前夫代表、老公代表）

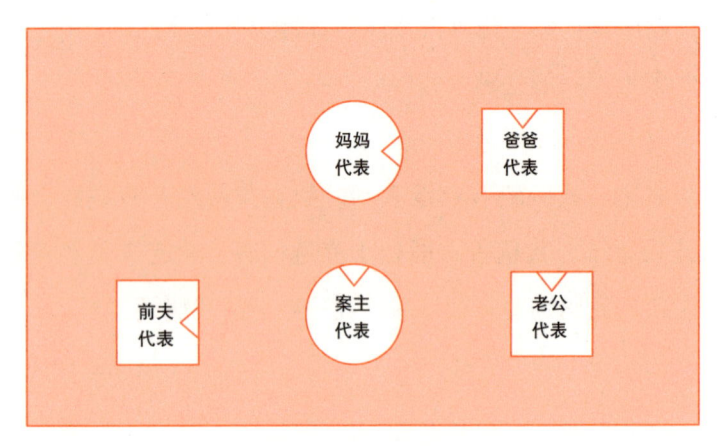

图6-6 各位代表排列呈现

前夫代表：我想保护她，可是不知道为什么她老是躲我。

老公代表：我的心跳得厉害，没有方向感。

赵中华：你现在老公可能有点没有方向感，到底离还是不离，也搞不清。

你一直跟着妈妈后面，这是很典型的身份等同。你如果想要婚姻幸福，你要从你妈妈这个身份里面出来。就是你跟你妈妈在一起时间太久，然后这个爸爸又没有跟你在一起。所以说你跟你妈基本就可以说连成了一个人。妈妈的情绪就变成你的情绪。你和老公的关系永远是疏离的。

老师带着案主一起说

> 妈妈，我很爱你。甚至为了爱你，我愿意牺牲我自己，牺牲我的婚姻，牺牲我的幸福，甚至不惜一切代价牺牲自己。

赵中华：你看到女儿这么说，什么感觉？

妈妈代表：很有压力。

赵中华：你希望别人这样去模仿你，牺牲自己吗？

妈妈代表：不希望，活她自己。

老师带着案主一起说

> 妈妈，我想做我自己，可以吗？我不是你，我可以过我自己的人生吗？可以吗？

赵中华：妈妈的人生，妈妈的痛苦，你不需要做隐藏的忠诚，你完全有资格婚姻幸福，不管是现在的老公，还是你未来的老公，都不需要变成跟她一样。因为从小你妈妈给了你太多的爱，在你心目中你很在乎你妈妈，但必须要挣脱出来，拥有自己的人生。

> **老师带着案主一起说**
>
> 妈妈，从今天开始，我长大了，我会拥有自己幸福的婚姻，我会快乐地生活下去，请你允许我用这样的方式来表达我对你的爱，妈妈，我爱你。妈妈谢谢你，你是我的妈妈，同时我是你的女儿，今天我长大了。

> **老师带着案主一起说**
>
> 爸爸我很爱你，我心目中你很重要，甚至我找老公的标准都跟你差不多，现在我明白了，你是我的爸爸，没有人能代替你，你永远是我的爸爸，谢谢你，爸爸，我爱你。

赵中华：给爸爸鞠躬。现在退出了。你成熟了，你长大了。拥抱一下父母，感受一下父母的爱，有感觉吗？

案主：有。

赵中华：你成长过程中有没有叛逆过？

案主：不算多。

赵中华：你有没有拒绝过你妈妈？

案主：很少。

赵中华：给你布置作业，回去之后找个机会跟妈妈说一句这样的话，妈妈，这是你的想法，我很尊敬你，但我想做我自己，可以吗？

案主：好的，谢谢！

赵中华点评

> 父母的婚姻往往是孩子的模板，孩子会不自觉地模仿，这在心理学中叫隐藏的忠诚，没有人能伤害你，除非你允许他伤害，没有人能控制你，除非你允许他控制。自己主动改变，才能改变婚姻的现状。

●● 我为什么体会不到琼瑶小说中那种轰轰烈烈的爱情？

> **案主：** 女士，30多岁，希望改善夫妻关系。

赵中华：今天做什么主题？

案主：我感觉不到爱，虽然我老公一直说爱我，我感受不到，我感觉以前中了琼瑶的毒。我小时候看到我一个姐姐，我亲眼看到她跟我一个表哥感情很好，他们就是那种轰轰烈烈的爱情。她又喜欢看琼瑶的小说，我也跟着看，看了以后我感觉从来没有尝过轰轰烈烈的爱情，我感觉我这辈子没人爱过我，我好像也没爱过人一样。别人说爱我，我从来没有那种心跳的感觉。

赵中华：你觉得别人也不够爱你，是吗？就算有人对你好，你也感觉不到爱，是这个意思吗？

案主：是的。

赵中华：在你的成长经历中发生过什么？

案主：我觉得唯一让我有心跳感觉的是我那头牛，我趴在它背上的感觉，尤其是它带着我奔跑的感觉好刺激，那是心跳的感觉。

赵中华：那时候你多大？

案主：应该是3岁到8岁。

赵中华：那就5年了，后来发生了什么？

案主：别人把我那头牛给杀死了，然后我就感觉不到爱了。当时他杀我牛的时候，偏偏又被我看到，那头牛撕心裂肺地在那里呼唤我，那种叫，很凄惨，我现在还能感受到它那种呼唤，就是在跟我说，要我去救它。可是我当时只有8岁，我真的非常想救它，因为我从小害怕跟我爸爸讲话，我第一次飞奔着跑回家求我爸爸救救它，可是我爸爸没有理我。我当时觉得天都塌了。你不知道我们家那头牛真的好有灵性的，因为小时候我爸爸妈妈很忙，都在外面很忙很忙，很少在家里陪我，我基本上是属于放养的那种。我走累了只要张开手，它就趴下来让我骑它，我只要站在它前面不动跺跺脚，它就能知道我想干嘛，它就能跪下来，让我骑上去。可以说我是被它带大的。

赵中华：你小时候和父母有亲子关系中断吗？

案主：没有亲子关系中断，我爸爸妈妈都在我身边，但是我从来没有感受到爸爸妈妈的爱。

赵中华：聊聊你的爸爸。

案主：我的父亲除了不是一个好爸爸外，其他真的很优秀，我父亲在别人面前他是非常幽默风趣的，是非常正直的人，而且很受人尊敬和受人爱戴的，方圆十里，大家非常拥护他，别人不管在家里发生什么矛盾也好，或者人家房子设计也好，都请他，他是一个非常能干的人。

赵中华：感觉你很崇拜你父亲，你为什么说他不是一个好爸爸呢？

案主：我特别崇拜。但我感觉他对我很冷血，很冷漠，反正就是不理不睬的那种。我感觉我是多余的，我爸爸本来就希望我是男孩子，偏偏我又是女孩子。

赵中华：讲讲你的母亲吧。

案主：我母亲因为没读过书，是以夫为天的那种，我爸说什么是什么，我感觉她没有自己的主见，她很能吃苦，很勤劳。

赵中华：你妈妈跟你爸爸的关系怎么样？

案主：我觉得我妈妈跟爸爸的关系应该一般吧，我爸爸说什么就是什么，她也不会反对，我也没看到他们吵架。

赵中华：你指的爱的感觉是什么感觉？

案主：就是我很想靠近你那种感觉。我跟我那头牛我就很想靠近，我一有时间就跟它在一起玩，比如我跟我那头牛，哪怕它很脏，我也喜欢跟它一起玩。对。我发现虽然我很爱孩子，但我内心总觉得和他们还是有一定距离的。

赵中华：你这种不愿意靠近是想获得什么？

案主：我不知道，我也想靠近，不知道为什么做不出来，因为人和人之间确实没有那种感觉。

赵中华：我们来探索一下（见图6-7）。

●排列呈现
（引入麻木的代表、牛的代表）

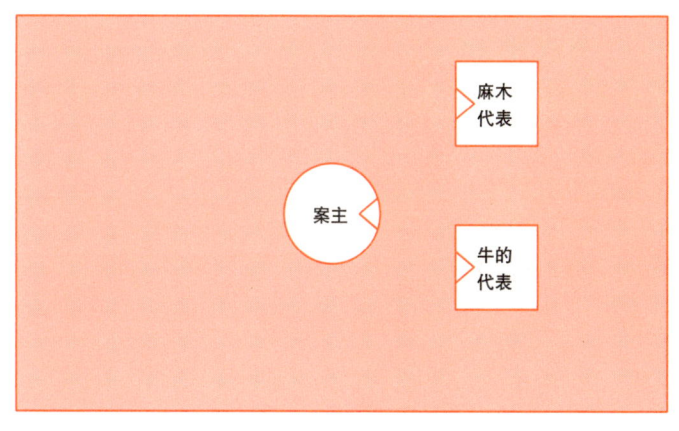

图6-7 案主和牛告别

赵中华：现在闭上眼睛，现在要求你回到你3岁的时候,你跟牛在一起的日子,从3岁到8岁这五年的时间,你们的点点滴滴,回忆一下当时你们一起经历了什么,一起发生了什么,允许自己有情绪。

你再回到当时你看到你那个牛被杀,而8岁的你无能为力的时候。你产生一种愧疚,害怕再付出爱,同时害怕被伤害,有这种感觉了可以睁开眼睛,把你这么多年一直想表达而没有表达的话说出来。

案主:你不要走,我求求你不要走。

牛的代表:我的离开,与你无关。

案主:你不要走。

赵中华:跟着我一起说。

老师带着案主一起说

当时我没救到你,我很愧疚,对不起!我当时只是个孩子,我求了我爸爸和我妈妈,但爸爸没理我,我恨他。

赵中华:你恨爸爸,你是通过这个事情延伸到跟父亲的关系了。

老师带着案主一起说

牛，你已经走了，我当时只有8岁，能做的都已经做了。

案主：我没做到。

赵中华：你当时能做的已经是最好了。

案主：我当时告诉他们不应该杀它。

赵中华：你非要这样内疚有什么意义呢？你想干什么？已经几十年过去了，还这样抓着不放吗？你当时只是个孩子，如果这头牛也很爱你，它希望看到你这样吗？

案主：肯定不希望。

老师带着案主一起说

你已经走了，我当时能做的已经做了，在这件事当中，我有份愧疚，我现在把不属于我的还给你。谢谢你曾经陪伴我，让我懂得了什么是爱，谢谢你！我爱你！我把你放在我的心中，有一天我们会相见的，但不是现在，我有一些事情还没有完成，我还有家庭和孩子，等我的事情完成了，也许几十年后的某一天，我们还能相见，谢谢你！

赵中华：给它鞠躬。就是这件事没有完结，你就无法开始，无怨、无悔、无愧、无憾，四无，你就活在愧疚里面，觉得当时没救到它，其实你当时只有8岁，能做的已经做到最好了。

老师带着牛的代表一起说

我祝福你，希望你像以前一样的快乐，我的死与你无关。谢谢你！

赵中华：把你对爸爸的恨表达出来。

案主：我很爱你，我很恨你，我又爱你又恨你。你真的不知道那种又爱又恨的感觉是什么，你真的不理解那种又恨又崇拜的感觉是什么，你根本不知道。到你临走的时候，我都无法表达出这份感觉。你知道吗？

赵中华：把恨表达出来。往后退一步，抱着这个枕头，每一件恨的事就装在里面，从小开始一直到你长大，所有的恨放到里面。

案主：我恨你的冷漠，为什么你从小就看不到我。我恨你在我不同意的情况下，把我过继给大伯。我恨你希望我是一个男孩子，把我当男孩儿一样养大，可是我内心多么希望我是女孩子，我跟别人学掏鸟窝、学抓泥鳅、学爬树，我样样都会。我为了爱你，我从小拒绝踢毽子，从小拒绝唱歌跳舞，你知不知道我现在多么恨你。其实我也想成为一个女儿，别人都说我男不男女不女，你知道我有多伤心吗？我恨你和哥哥两个人吃鸡蛋，我和妈妈在那里看，直流口水，我多么希望我跟哥哥是一样的对待，男孩子真的对你这么重要吗？可是现在哥哥变成什么样了？还不是要我来养？你的儿子哪里去了？

赵中华：最后一步，把所有的恨全部放到枕头里。把这个枕头摔在椅子上，多摔几下，发泄出来，用力摔。

案主：我恨你，我恨你，我恨你。

赵中华：如果觉得可以了就放下吧，现在舒服多了吗？爸爸，看到女儿这样，有什么话想说？

父亲代表：其实爸爸也很爱你。我不知道以前我给过你那么多的伤害，让你那么恨我，在内心里有一份愧疚和自责，其实对孩子来讲，不管是哥哥还是你，我一样爱你们。

赵中华：你爸爸对你的伤害是真的，对你的爱也是真的。跟着我说。

老师带着案主一起说

> 爸爸，我有资格做女儿吗？我想做一个女人，可以吗？谢谢你，爸爸。

父亲代表：可以。

赵中华：给爸爸鞠躬。看着爸爸的眼睛说。

老师带着案主一起说

> 爸爸，我很崇拜你，我很需要你的爱，我需要你看见我，爸爸，从今天开始，我以一个女儿的身份来爱你。

赵中华：你最渴望爸爸跟你说哪三句话？

案主：我希望爸爸说，女儿你是我的骄傲，爸爸很爱你，其实你一直是优秀的。

父亲代表：女儿，你是我的骄傲，爸爸很爱你。

赵中华：在爸爸离开的时候，你有什么话想说，而一直没说的吗？

案主：其实你是我这一辈子是最崇拜的人，我一直带着我爸爸的光环长大。虽然我很没用，但是他在方圆十里做了很多好事，别人一知道我是他的女儿，都会对我另眼相待，所以我才那么安全，那么轻松地长大。

赵中华：跟我一起说。

老师带着案主一起说

> 爸爸，你是我的骄傲，我以你为荣。谢谢你带给我生命，让我看到这个世界。谢谢你，爸爸，我爱你。你对我的伤害，我已经放下，我现在开始懂得了爱，明白了爱，爸爸，谢谢你！爸爸，我爱你！

赵中华：你要看到你爸爸的不容易，你爸爸能够把你们养大，非常难得。他为什么要男孩？你要理解他。跟我说。

老师带着案主一起说

> 我做不到，对不起！爸爸，我会爱你的。

赵中华：我觉得你最需要接纳的就是你的父亲，因为只有你接纳了你父亲，你才愿意接纳你老公，接下来给爸爸一个拥抱，你愿意吗？

案主：愿意，其实我一直很崇拜我爸爸，也很爱他，只是恨他对我的冷漠、疏离。

赵中华：现在已经过去了，刚才都已经放下了，回去继续摔枕头，直到你摔到舒服为止，唯有爱才能化解，唯有爱才能让我们前行。给爸爸一个拥抱。去感受一下父亲的不容易，父亲也许不是完美的父亲，但是他的爱一直在。有时候父亲对你的爱都是无声的爱，父亲如山，他可能爱的方式不一样，他可能爱的时候会让你很难受，但他对你的爱从来没有改变过，要去感受他。把你那种麻木，从这一刻开始释怀，从这一刻开始放下，从这一刻开始接纳，你是一个值得爱的人，你是一个值得拥有幸福的人，你是一个很善良的女孩子。你能够因为一头牛而惦记这么多年，证明你是多么善良，多么有爱，你传承了你父母的善良。

案主：爸爸，我爱你。你知道我有多崇拜你吗？爸爸我爱你。

老师带着爸爸代表一起说

> 女儿，对不起！爸爸曾经伤害了你，但爸爸爱你从来没变过。你要崇拜自己，爸爸这辈子做得最自豪的事，就是有了你。女儿，谢谢你！爸爸爱你！

案主：爸爸，我爱你。

父亲代表：我也很爱你。

赵中华：从这一刻开始，把你的心融化，开始感受到爱，你不缺爱。你能感受到爱，你是个很善良的人。你在3岁的时候就能感受到爱，这一刻一直都在，唯有放下恨，你的爱才能出现；只有放下了恨，你的爱才能重新开始。

我希望从这一刻开始,你感受到什么是爱,什么是关心,把那一颗冰冷的心融化,让我们重新开始。

如果可以为父亲做一件事,你愿意为他做一件什么事?现在父亲不在了。

案主:我愿意给他种棵树。

赵中华:每年去看看他。现在感觉怎么样?

案主:轻松多了。

赵中华:麻木去掉了,这是好事,脸现在泛着红光。你的作业是每天向身边三个人表达你的感受,任何人都行。比如我今天感觉到我不开心,或是我感觉到快乐,拥抱三个人,坚持21天。

赵中华点评

有很多女性的烦恼来自父母想要儿子,而自己却是女儿,她既想成为父母想要的男孩的坚强,又想成为自己女孩的美丽,这是严重的身份错位,活得很痛苦,海灵格发现女性中有很多这方面的问题。

后记

在我做咨询的职业生涯中，每一个个案都让我感触颇多，很多心理问题困扰着案主一生，我感觉我一个人的力量有限，我希望把我咨询的个案用书的形式呈现给读者，让有同样心理问题的读者从中受益。

我要感谢参加我家庭系统疗愈个案工作坊的学员，因为你们的勇敢才有这本书的诞生，你们的故事将通过这本书帮助到更多的读者，这是值得欣慰的事。很多学员通过咨询发生了很大改变，同时他们用自己学到的知识影响着周围的人，让大家的关系产生良性互动，看到你们发来的感谢短信，谈到咨询后个人的成长和家庭关系的改善，我由衷地高兴，并衷心地祝福你们。

我还要感谢我的父母、爱人、孩子，感谢你们在我前行的路上给予我的滋养。实际上，我的很多觉醒正是来源于你们，没有你们就没有我的今天，我们是相伴而行，共同成长，互相成就。感谢今生有你们。

我更要感谢我人生路上的很多导师，正是你们的知识给了我很多的启发与收获，启迪了智慧，唤醒了灵感，让我能够集各位老师之所成，创建自己的家庭系统疗愈课程。正是因为有你们，才让我坚定地在这条路上走下去，能够让这个家庭系统疗愈体系更完善。

我也要感谢惠宁的伙伴，是你们的陪伴让我更有信心，是你们的付出让惠宁发展得更好，感谢你们与我一起将家庭系统疗愈传播得更广，帮助更多家庭获得幸福。